Gewidmet meiner immer
mir zur Seite stehenden
lieben Angela ?

08.09.23

Die schönsten Geschichten aus dem Leben in Reimform

Gesine Schuler

Die schönsten Geschichten aus dem Leben
in Reimform

Gesine Schuler

WAGNER VERLAG®
www.wagner-verlag.de

Ein Buch aus dem WAGNER VERLAG

Korrektorat & Layout: Sandra Schmidt; www.text-theke.com
Umschlag: Wagner Verlag GmbH

1. Auflage

ISBN: 978-3-86279-299-3

Bibliografische Information der Deutschen Nationalbibliothek:
Die Deutsche Nationalbibliothek verzeichnet diese Publikation in der
Deutschen Nationalbibliografie; detaillierte bibliografische Daten sind
im Internet über http://dnb.d-nb.de abrufbar.

Die Rechte für die deutsche Ausgabe liegen beim
Wagner Verlag GmbH,
Zum Wartturm 1, 63571 Gelnhausen.
© 2012, by Wagner Verlag GmbH, Gelnhausen
Schreiben Sie? Wir suchen Autoren, die gelesen werden wollen.

Über dieses Buch können Sie auf unserer Seite www.wagner-verlag.de
mehr erfahren!
www.podbuch.de
www.buecher.tv
www.buch-bestellen.de
www.wagner-verlag.de/presse.php
www.facebook.com/WagnerVerlag
Wir twittern … www.twitter.com/wagnerverlag

Druck: dbusiness.de gmbh · D-10409 Berlin

Inhaltsverzeichnis

Ein Büchlein, das Gedichte enthält, die mal heiter, traurig, romantisch, erotisch oder berührend sind.

Dieses Buch möchte dem Leser Gelegenheit bieten, sich auf Themen einzulassen, die zum Nachdenken anregen, die ihn in eine Welt führen, an die er lange nicht mehr gedacht hat. Er darf sich darin selber wiederfinden, darf lachen und sich auch im Herzen berühren lassen, ja, vielleicht sogar ein Prickeln verspüren und Herzklopfen bekommen.
Es handelt sich um Werke, die aus dem realen Leben gegriffen sind, Situationen, die so mancher vielleicht selber schon erlebt hat.

Lassen Sie sich entführen in meine spezielle Welt der Gedichte, die für jeden Leser, egal welchen Geschlechtes und welchen Alters, etwas zu bieten hat.
Vergessen Sie für einen Augenblick den Alltag und lassen Sie sich verzaubern.

Möge das Buch dazu beitragen, in unserer hektischen Welt einmal inne zu halten, um den wesentlichen Dingen des Lebens Aufmerksamkeit zu schenken.
Erinnern wir uns, dass wir alle eins sind und dass das Glück und das Leid aller Menschen auch mit dir und mir zu tun hat.

Ihre
Gesine Schuler

Kapitel 1

Erotik

Abendzauber

Der Sekt steht bereits kühl,
ich hab in mir ein erwartungsvolles Gefühl.

Endlich kommst du von der Arbeit heim,
und ich fühl mich gleich nicht mehr so allein.

Meine warmen Lippen suchen deinen Mund,
eifersüchtig drängt sich zwischen uns der Hund.

Lachend schieben wir ihn zur Seite,
er sucht beleidigt nun das Weite.

Doch wir wollen ungestört nun sein,
will dich ganz für mich allein.

Ich genieße nun erst mal den Sekt mit dir,
du raunst mir zu: „Komm ganz nah her zu mir."

Ich kuschel mich in deinen Arm,
hier fühl ich mich so geborgen und auch warm.

Ganz sanft streicheln mich deine Hände,
dein Blick spricht schon wahre Bände.

Deine Lippen wandern meinen Hals hinab,
mir wird vor Lust der Atem knapp.

Versuche mich aus deinem Arm zu winden,
doch du hältst mich fest, lässt mich nicht verschwinden.

Es macht dir Spaß, meine Lust zu sehen,
bist nun dabei, mich auf den Bauch zu drehen.

Beginnst, liebevoll meinen Nacken zu massieren,
ich frag mich, was wird als Nächstes nun passieren.

Du beginnst nun, mich von meiner Kleidung zu befreien,
ich möchte vor lauter Wonne am liebsten schreien.

Genieße, wie geschickt deine Hände dabei sind,
jede Zärtlichkeit von dir, nur für mich allein bestimmt.

Du lässt mich erst gar nicht zum Zuge kommen,
dass du dich auch ausziehst,
nehme ich wahr nur ganz verschwommen.

Endlich nackte Haut an Haut,
du bist mir einfach so vertraut.

Deine Lippen, die forschend über meinen Körper gleiten
und mir unglaubliches Lustgefühl bereiten.

Deine Zunge spielt ihr zartes Spiel mit mir,
ist mal dort und ist mal hier.

Ich kann ein Stöhnen nicht unterdrücken,
dieses Zungenspiel löst bei mir aus Entzücken.

Wo meine empfindlichsten Stellen sind, weißt du ganz genau,
deine Zunge schlüpft wie der Fuchs in seinen Bau.

Mit meiner Beherrschung ist es nun vorbei,
die Welt um mich herum ist mir nun einerlei.

Will nur endlich mehr von dir,
frag mich, wann kommst du endlich ganz zu mir.

Doch du lässt dir damit Zeit,
dir macht es Spaß, bist längst noch nicht so weit.

Ich vergehe mittlerweile fast vor Lust,
dass du mich absichtlich noch zappeln lässt,
wird mir nun bewusst.

Deshalb dreh ich den Spieß jetzt einfach um,
bin ja eine erfahrene Frau und auch nicht dumm.

Ich schau, dass ich nun komm bei dir zum Zug,
genieß mein eigenes Spiel mit dir, oh, wie tut das gut.

Deine Erregung bereitet mir größtes Vergnügen,
es gibt nichts Schöneres als über deinen Körper zu verfügen.

Wie Wachs in meinen Händen bist jetzt du,
du hast vor Wonne deine Augen zu.

Die Stelle deiner größten Lust sucht nun meinen Mund,
dass ich alles richtig mache, tut mir dein Stöhnen kund.

Sanft schieb ich nun meinen Körper auf den deinen,
damit wir so uns können miteinander vereinen.

Ganz vorsichtig nehme ich dich auf in mir,
ich spüre, dass gefällt es dir.

Wir bewegen uns im selben Rhythmus,
alles beginnt, es ist noch lange nicht Schluss.

Irgendwann drehst du mich auf meinen Rücken,
diese Stellung löst bei mir aus größtes Entzücken.

Kann dir so bei unserer Vereinigung tief in die Augen sehn,
möchte vor Lust und Wonne fast vergehn.

Immer schneller wird unser gemeinsamer Tanz,
ich sehe in deinen Augen einen ganz besonderen Glanz.

Dem Höhepunkt treiben wir nun gemeinsam entgegen,
es gibt nichts Schöneres im Leben.

Endlich hat die Befreiung uns erreicht,
ich genieße deine Hand,
die mir sanft eine Haarsträhne aus dem Gesicht nun streift.

Erschöpft und glücklich liege ich in deinem Arm,
du hältst mich fest, du bist so wunderbar warm.

Der Zauber des Abends hat sich über uns beide gelegt,
es ist mittlerweile schon sehr spät.

Wir haben uns füreinander sehr viel Zeit gelassen,
unsere Hände sich nun fassen.

Mein Schatz, ich lasse dich nie mehr los,
was täte ich ohne dich denn bloß?

Will mit dir immer wieder diesen Abendzauber genießen,
was gibt es Schöneres zu spüren,
wie die Lust in einem ist am sprießen.

Es stört nicht, dass der Sekt mittlerweile ist längst warm,
ich lieg nun lieber geborgen in deinem Arm.

So erfüllt schlaf ich nun ein,
der Abendzauber ist bei uns nun daheim.

Das hätte ich gerne

Soll ich dir heut mal sagen, was mir alles gefallen würd,
oder hast du das sowieso schon selbst gespürt?

Ich hätte es gerne, wenn du mich in deine Arme nimmst
und mich damit auf das Gefühl von Geborgenheit einstimmst.

Dass du mich ganz arg am Festhalten bist,
weißt du, wie sehr ich hab das vermisst?

Ich möchte einfach mal deinen Herzschlag spüren,
vielleicht lass ich mich sogar von dir verführen.

Es wäre so schön,
wenn deine Hände durch meine Haare wuscheln
und wir dabei schöne Worte ins Ohr uns tuscheln.

Wenn deine Finger meine Lippen nachfahren,
und du würdest an Zärtlichkeiten gar nicht sparen.

Wie gerne würde ich einen Kuss von dir probieren
und dabei deine Gesichtszüge studieren.

Einmal das Gefühl erleben,
wenn sich deine Lippen auf meine legen
und wir uns gegenseitig damit alles geben.

Es wäre sicher spannend, wenn deine Zunge die meine neckt
und damit in mir kribbelnde Gefühle weckt.

Es würde mir gefallen,
wenn du suchst mit Mund und Zunge meine erogenen Stellen,
würde sicher meine Lust auslösen wie sprudelnde Quellen.

Möchte einmal deine Hände spüren,
wie sie über meinen Körper gleiten,
ich bin sicher, es würde mir unglaubliche Wonne bereiten.

Ich möchte mich einmal vor Lust
unter deinen Händen winden
und beten, dieses Gefühl möge nie mehr schwinden.

Einmal erleben,
wie du dich an meiner intimsten Stelle zu schaffen machst
und über diesen Wunsch gar nicht lachst.

Und dann noch der Höhepunkt,
wenn du mich mit deiner Männlichkeit nimmst
und über unseren gemeinsamen Rhythmus bestimmst.

Mit dir dann die höchste Erfüllung erleben,
ja, ich würde dir auch alles von mir geben.

Danach möchte ich mich schmiegen in deinen Arm,
denn da fühl ich mich geborgen und es ist so schön warm.

So, nun weißt du also, was ich gerne mal hätt,
nun liegt es an dir, mich zu locken in dein Bett.

Nun weißt du also, was ist zu tun,
es liegt nun an dir, dich nicht auszuruhen.

Hast die Erfüllung meiner Wünsche in der Hand,
aber vielleicht hast du die Wünsche ja eh selber schon erkannt.

Ich bin jetzt voller Spannung und werde warten,
bin gespannt, wie du mischst für uns die Karten!

Der junge Lover

Gespannt schau ich auf die neue Chatnachricht,
ich sehe gleich mal ein sympathisches Gesicht.

Auch was er schreibt, ist sehr nett,
kommt nicht daher, dass er mit mir will ins Bett.

Doch schnell fällt mir auf, wie alt er ist,
ich frag ihn, ob er den Altersunterschied vergisst.

Ich könnte ja glatt seine Mutter sein,
muss für ihn doch sein wie reifer Wein.

Ein Student mit 24 Jahren,
süßem Lächeln und schwarzen Haaren.

Mit 16 Jahren Lebenserfahrung mehr dagegen ich,
was will er nur von mir, frag ich mich.

Er behauptet, er will nur nett plaudern,
tut dies auch in der Tat ohne zu zaudern.

Fühle mich mit ihm richtig wohl,
er kommt mir vor wie ein ruhender Pol.

Geht auf meine Einwände wegen dem Alter gar nicht ein,
er meint nur: „Lass das Thema doch einfach sein.

Du gefällst mir, wie du bist,
dein Alter doch eine Zahl nur ist."

Doch für mich verstößt so ein Junger gegen mein Prinzip,
auch wenn er ist noch so lieb.

Würde ihn am liebsten blockieren,
doch er bittet mich, es mit ihm zu probieren.

Er will mich unbedingt kennenlernen,
will mit mir zusammen schauen nach den Sternen.

Er lässt keine Einwände von mir gelten,
will nicht verstehen, dass zwischen uns liegen Welten.

Irgendwann hat er mich dann doch so weit,
ich bin zu einem Treffen mit ihm bereit.

Geh dann schließlich doch voller Aufregung hin,
auch wenn ich in dem Ganzen eigentlich sehe keinen Sinn.

Versuch erst gar nicht
meine zarten Fältchen um die Augen zu kaschieren,
denk mir, wenn er sie sieht, wird er's vielleicht kapieren.

Und dann endlich stehen wir voreinander,
sein Anblick bringt mich völlig durcheinander.

Sieht in Natura noch viel besser aus,
ich würde am liebsten fort, aus diesem Café raus.

Spür genau, dass er mir gefährlich werden kann,
er ist leider ein verdammt attraktiver Mann.

Er hat meine Unsicherheit wohl gespürt,
denn er hat mich gleich galant
zu einem abseits gelegenen Tisch geführt.

Bei der Berührung durch seine Hand
fühlt sich meine Haut gleich an wie verbrannt.

Bin durch seinen Blick förmlich hypnotisiert,
bei seiner zufälligen Berührung wie elektrisiert.

Kann mich auf das, was er sagt,
gar nicht richtig konzentrieren,
hör nur irgendwas davon,
ob wir's nicht zusammen probieren.

Ganz automatisch sag ich: „Nein, ich bin für dich viel zu alt",
doch meine Einwände lassen ihn völlig kalt.

Ehe ich mich versehen kann,
kommt er mir viel zu nahe, der junge Mann.

Zeigt mir einfach, wie er küssen kann
und geht dabei mit jugendlicher Frische ran.

Mir vergeht hören und sagen,
was er da bietet, ich kann wirklich nicht klagen.

Seine Küsse – süß und zauberhaft,
damit hat er meinen Widerstand zu brechen fast geschafft.

Als er auch noch seine Zunge in meinen Mund gleiten lässt,
bricht er vom Widerstand den Rest.

Schmelz dahin wie Eis in der Sonne,
dieser Bursche küsst, das ist eine einzige Wonne.

Er weiß genau, was er mit einer Frau tun muss
und belässt es nicht bei einem Kuss.

Als er flüstert: „Ich will mit dir alleine sein",
kann ich einfach nicht sagen nein.

Will sein jugendliches Alter vergessen für kurze Zeit,
bin für alle Schandtaten mit ihm bereit.

Auf dem Weg zu seiner Wohnung
macht er mich mit Küssen fast verrückt,
ich bin von diesem jungen Burschen schlichtweg entzückt.

Vergessen der Gedanke, ich könnte fast seine Mutter sein,
will nur noch mit ihm heim.

Dort drängt er mich gleich ins Schlafzimmer rein,
ich will jetzt einfach nur seine Geliebte sein.

Schalte jeden Gedanken völlig aus,
er legt mich vorsichtig auf sein Bett hinauf.

Er öffnet meine Bluse Knopf für Knopf,
ich wuschele ihm durch seinen dichten Schopf.

Seine Lippen hinterlassen auf meiner nackten Haut
eine brennende Spur,
ganz entfernt fragt eine Stimme in meinem Kopf:
„Was will er von so einer Alten nur?"

Wie ein Profi geht er an meinen BH jetzt ran,
ich frag mich langsam, woher hat er all die Erfahrung,
dieser junge Mann.

Er macht alles mit so viel Gefühl und Leidenschaft,
mich dagegen zu wehren, hab ich einfach keine Kraft.

Hab das Gefühl, ihm voll ausgeliefert zu sein,
da gleitet seine Hand auch schon in meine Hose rein.

Gleichzeitig ist er an meinen frei gelegten Brüsten am saugen,
was er alles drauf hat, ich kann es kaum glauben.

Er hat mich längst so weit,
dass ich mich unter seinen Händen winde,
kein Gedanke mehr von mir,
dass ich am besten schnell verschwinde.

Mir ist nun völlig egal, wie alt er ist,
bin mir sicher, dass er bei unserem Liebesspiel nichts vergisst.

Wie empfindlich mein Hals und meine Ohren sind,
scheint er genau zu wissen,
denn er verwöhnt beides mit seiner Zunge und heißen Küssen.

Energisch befreit er mich nun von meiner restlichen Kleidung
und wirft sie weit fort mit viel Schwung.

Er macht dann mit seiner Kleidung gleich weiter,
ich denk mir, mach die Augen zu, das ist gescheiter.

Dann sehe ich nicht mehr, wie jung er doch ist,
frage mich, ob er mein Alter auch gerad vergisst.

Doch die Augen zu schließen,
verschafft mir nur noch größeren Genuss,
jetzt weiß ich vorher nämlich nicht,
wo landet sein nächster Kuss.

Spüre nur, seine Hände scheinen nun überall zu sein,
während seine Zunge erneut gleitet in meinen Mund hinein.

Fühl die Wärme seiner Haut,
kommt mir alles vor so vertraut.

Fühle mich bei seinen Liebkosungen gar nicht alt,
ich glühe förmlich, mir ist nicht mehr kalt.

Als er seine Hände zwischen meine Schenkel gleiten lässt,
gibt mir das einfach nur den Rest.

Um mich zum Höhepunkt zu bringen,
braucht er gar nicht viel zu tun,
doch danach lässt er mir keine Zeit, mich auszuruhen.

Möchte mich jetzt mit seiner Männlichkeit beglücken,
ruft damit bei mir hervor erneutes Entzücken.

Nehme ihn erwartungsvoll in mir auf,
und er setzt mit seinen Künsten noch einiges drauf.

Mit seiner jugendlichen Ausdauer schafft er mich
mehr als einmal,
danach denk ich,
das Alter ist doch eigentlich nur auf Papier eine Zahl.

Auch er gelangt zu seiner Befriedigung,
meint danach ganz keck: „Bin ich dir immer noch zu jung?"

Ich kann meinen Kopf nur schütteln ganz stumm,
komm mir mit meinen Vorbehalten vor ganz dumm.

Denn was ich erlebt habe, war so wunderschön,
warum soll sich eigentlich alles nur ums Alter dreh'n?

Warum nicht einfach hemmungslos genießen,
ist doch egal, wo Gefühle nun sprießen.

Warum eigentlich immer nach irgendwelchen Normen leben
und dadurch vielleicht was ganz Tolles nicht erleben!

Nein, meinen jungen Lover genieß ich nun so lang,
bis er mit mir reifen Frau halt nicht mehr kann.

Dann sag ich: „Tschüss, es war schön mit dir,
doch du kannst nicht für immer bleiben bei mir."

Du musst deinen Weg nun alleine weiter gehen,
darfst dich nicht mehr nach mir umdrehen.

Die beste Medizin

Du kommst von der Arbeit heim und sagst,
du fühlst dich krank,
fragst, ob wir noch Kopfschmerztabletten haben im Schrank.

Du klagst, du frierst auch so sehr,
ich sag: „Mein Schatz, dann komm doch mal her."

Es gibt keine bessere Medizin als mich,
na komm, jetzt verwöhn ich dich.

Ich will dir erst mal eine Massage verpassen,
werd vorsichtig deinen Nacken umfassen.

Meine Hände massieren die verspannte Partie,
ich weiß, sie verfehlen ihre Wirkung nie.

Tatsächlich meinst du nach einer Weile, das tue gut,
so schreite ich zu weiteren Taten voller Mut.

Lass meine Zungenspitze keck um dein Ohrläppchen kreisen,
warte gespannt, ob du mich wirst in die Schranken verweisen.

Doch ich merke, du bist davon sichtlich angetan,
also kann ich getrost mit meiner Spezialbehandlung fortfahren.

Meine Lippen gleiten deinen Hals entlang,
weiß genau, was dich schwach macht,
bist ja schließlich auch nur ein Mann.

Dass ich alles richtig mache,
tut mir dein leises Aufstöhnen kund,
deine Lippen suchen nun nach meinem Mund.

Ich löse mich also von deinem Hals
und biete dir meine warmen Lippen an,
weiß, dass man ihnen nicht widerstehen kann.

Schon legt sich dein Mund auf meinen,
und unsere Lippen können sich
zu einem leidenschaftlichen Kuss vereinen.

Vorsichtig lässt du deine Zunge in meinen Mund gleiten,
dort ist sie dabei, mir höchsten Genuss zu bereiten.

Sie spielt ganz frech mit meiner Zunge,
du kommst mir jetzt vor wie ein übermütiger Junge.

Du lässt mich gleich gar nicht mehr los,
ziehst mich einfach auf deinen Schoß.

Ich schmiege mich ganz eng an dich,
flüstere dir zu: „He, Schatz, vernasche mich."

Das lässt du dir nicht zwei Mal sagen,
ich komm gar nicht mehr dazu,
nach deinem Wohlbefinden zu fragen.

Du ziehst mir gleich mal meinen Pulli aus
und sagst: „Komm, ich helfe dir aus dem BH noch raus."

Öffnest ihn geschickt und küsst mich dabei weiter,
ich necke dich und meine:
„Wäre eine Kopfschmerztablette jetzt nicht gescheiter?"

Doch du küsst jeden Zentimeter meiner nackten Haut
und meinst:
„Ich hab schon immer auf deine heilenden Kräfte vertraut."

Du lässt mich spüren,
dass ich bin für dich die beste Medizin,
und ich gebe mich
deinen verwöhnenden Händen und Lippen hin.

Dass du dich krank fühltest, hast du scheinbar vergessen,
ich glaub, ich könnte deinen Temperaturanstieg nun messen.

Dir scheint gar nicht mehr kalt zu sein,
denn du schiebst nun forsch deine Hand in meine Hose rein.

Mit der anderen streichelst du weiter meine Brust,
und auch deine Zunge spielt ihr Spiel mit voller Lust.

Du befreist mich nun auch noch von meiner Hose,
so lieg ich nur noch mit Slip bekleidet vor dir in sexy Pose.

Jedes Krankheitsgefühl scheint bei dir verschwunden,
deine Zungenspitze will meine Brustwarzen umrunden.

Du hast mich jetzt dann so weit,
dass ich erglüh im höchsten Fieber,
wer ist denn von uns beiden nun krank:
du oder ich, mein Lieber?

Deine Lippen hinterlassen eine heiße Spur auf meiner Haut,
alles, was du tust, ist mir so vertraut.

Fange wie ein Kätzchen an zu schnurren,
überlass dir auch noch meinen Slip ohne zu murren.

Möchte jetzt endlich deine nackte Haut auf meiner spüren,
überhaupt, wie war das, wollte nicht ich dich verführen?

Irgendwie scheint der Patient die Initiative ergriffen zu haben,
denn du bist nun dabei, mich zum Bett zu tragen.

Legst mich vorsichtig ab und beginnst
dich selber zu entkleiden,
irgendwie bin ich vor brennendem Verlangen nun am leiden.

Kann es kaum erwarten, dich wieder zu fühlen,
will jetzt alles, nur nicht abkühlen.

Doch bevor es dazu kommt, bist du schon wieder da,
spür dich mit deiner nackten Haut
an meinem Körper nun ganz nah.

Von Kälte auch bei dir keine Spur,
loderndes Feuer zwischen uns beiden nur.

Unsere Münder finden sich zu einem leidenschaftlichen Kuss,
der in einem erregenden Zungenspiel enden muss.

Dabei halten unsere Hände auch nicht still,
ein jeder nun weiß, was er vom anderen will.

Wir spielen unser Spiel, bis es keiner mehr aushalten kann,
du flüsterst mir zu:
„Ich will dich jetzt ganz, ich bin auch nur ein Mann."

Auch mir geht es nun genauso wie dir,
antworte deshalb: „Ja, komm bitte ganz zu mir."

Empfange voller Lust jetzt deine Männlichkeit,
bin längst zum Höhenflug der Lust bereit.

Wir vereinen uns voller Lust und Leidenschaft,
legen in den Akt unsere ganze Kraft.

Von Krankheitsgefühl bei dir keine Spur,
ich spür dich voller Power nur.

Immer schneller wirst du nun,
ich kann gegen die Wellen der Erregung gar nichts tun.

Lass mich vom Strudel einfach mitreißen,
würde dich vor lauter Lust am liebsten in die Schulter beißen.

Doch bevor es dazu kommt,
erreichen wir gemeinsam der Lust höchsten Welle,
es fließt aus uns wie aus einer Quelle.

Halten uns erschöpft im Arm,
du lächelst und meinst, nun sei dir warm.

Als ich frage: „Mein Schatz, wie geht es dir",
antwortest du: „Immer gut, wenn du bist bei mir.

Wenn du da bist, brauch ich garantiert keine Tabletten,
da genügt es, wenn wir gemeinsam liegen in den Betten."

Ich lächele verschmitzt, denn das hab ich ja gewusst,
dass alles ist gut, wenn ich dir bereite große Lust.

Bin halt für dich die beste Medizin,
ich krieg das alles wieder hin!

Ein etwas anderes Picknick

Heute halte ich eine Überraschung für dich bereit,
bis du nach Hause kommst, bin ich damit schon so weit.

Der Picknickkorb ist aufgefüllt,
doch du ahnst nichts, habe mich in Schweigen gehüllt.

Du denkst, wir essen wie gewohnt zu Haus,
doch ich führ dich lächelnd ins Grüne raus.

Sag zu dir: „Lass dich heute mal entführen,
du sollst heut mal den Zauber der Natur verspüren."

Hab einen schönen Platz im Visier,
wir müssen gar nicht lange laufen, dann sind wir hier.

Ich breite eine große Decke aus
und stell die mitgebrachten Sachen drauf.

Ich hab sogar gekühlten Sekt dabei,
denn solche Kleinigkeiten sind mir nicht einerlei.

Auch du scheinst von meiner Idee angetan,
somit geht also auf mein Plan.

Wir stärken uns an den mitgebrachten Speisen,
als ich dich sanft küsse, willst du mich nicht von dir weisen.

Die Vögel zwitschern, die Sonne scheint,
wir beide sind hier auf unserer Decke
bei einem langen Kuss vereint.

Lasse vorsichtig meine Zunge zwischen deine Lippen gleiten,
will jetzt zu meinem eigentlichen Plane schreiten.

Möchte dich hier in der freien Natur verführen,
will dich unter dem blauen Sommerhimmel spüren.

Du weißt nicht,
dass ich unter meinem Kleid keine Unterwäsche habe an,
oh ja, ich weiß, wie ich deine Sinne verwirre,
mein lieber Mann.

Es ist ja sowieso an diesem Tag so heiß,
und dass ich dich so verrückt machen kann, ich weiß.

Du findest es praktisch, dass ich so ein luftiges Kleid an habe,
flüstert leise in mein Ohr, welche Unterwäsche ich heute trage.

Zwischen ein paar Küssen antworte ich ganz keck:
„Nun, vielleicht ist die heute ja mal weg."

Ich merke, wie du stutzt,
du schaust nun ganz verdutzt.

Dann schiebt sich deine Hand unter meinem Kleid
meine Schenkel nach oben,
insgeheim bin ich meine gute Idee selber am loben.

Deine Hand tastet sich forschend heran,
doch sie keinen Slip bei mir finden kann.

Das nutzen deine Finger nun gleich aus,
wollen schlüpfen in mein warmes Haus.

Deine Küsse nun begierig werden,
ich flüstere dir zu: „Nur langsam mit den jungen Pferden."

Räkele mich deinen liebkosenden Fingern entgegen,
könnte jetzt nichts Schöneres erleben.

Du streifst mir nun die Träger meines Kleides herunter,
während ringsum die Vögel pfeifen ihr Liedchen munter.

Überzeugst dich nun davon,
dass ich wirklich keinen BH heute trage,
dass dies deine Erregung steigert, steht nun außer Frage.

Deine Lippen nun über meine nackten Brüste gleiten
und mir großes Lustgefühl bereiten.

Deine Finger zwischen meinen Schenkeln halten auch nicht still,
ja, ich hab mit dem Picknick erreicht, was ich eigentlich will.

Jetzt gilt es nur noch, auch dich von deiner Kleidung zu befreien,
ich möchte am liebsten meine Lust laut herausschreien.

Denn deine Finger sind so geschickt,
dass sich machen mich komplett verrückt.

Ich versuche nun irgendwie an deine Kleidung zu gelangen,
möchte deinen nackten Körper erforschen,
bin da gar nicht befangen.

Wir entledigen uns gemeinsam der lästigen Kleidungsstücke,
uns ist egal, dass durch die Luft schwirrt so manche Mücke.

Endlich, nackte Haut an Haut,
wir sind uns beide so herrlich vertraut.

Wie die Bienen wollen auch wir uns gegenseitig saugen und lecken,
über uns im Baumwipfel sich ein paar Vögel necken.

Sie haben sich von unserer Lust wohl anstecken lassen,
während du dabei bist, meine Hüften fest zu umfassen.

Um so sanft in mich einzudringen,
während über uns die Vöglein singen.

Du eroberst mich nun auf deine Weise,
während irgendwo im Hintergrund ein paar Bienen summen leise.

Da spielt es auch keine Rolle,
dass eine Ameise krabbelt an meinem Bein,
ich will jetzt nur ganz nah bei dir sein.

Wir bewegen uns im selben Takt,
ich genieße dich in der freien Natur ganz nackt.

Als wir gemeinsam dem Höhepunkt entgegenstreben,
sich über uns ein paar Vögel erheben.

Von unserer Lust endlich befreit,
sind wir zum Aufbruch dann auch bereit.

Doch so wirklich können wir uns
von dem schönen Plätzchen noch nicht trennen,
du meinst: „Ach komm,
lass und noch bleiben und nicht nach Hause rennen."

Wir füttern uns gegenseitig
mit den Resten von unserem Essen,
ein wenig Sekt ist noch da, den hätten wir beinah vergessen.

Betrachten das aufziehende Abendrot Arm in Arm,
an deiner Seite ist mir auch im nackten Zustand warm.

Erst als die Sonne ganz verschwunden ist, ziehen wir uns an,
ich küsse dich noch mal,
du bist wirklich ein ganz besonderer Mann.

So schlendern wir Hand in Hand
mit unserem Picknickkorb wieder heim,
du sagst zu mir:
„So könnte es von mir aus jeden Tag mit dir sein."

Oh ja, so ein Picknick können wir jederzeit wiederholen,
ich lächele voller Vorfreude schon ganz verstohlen.

Da fällt mir sicher wieder etwas Neues ein,
muss ja nicht bei jedem Picknick fehlende Unterwäsche sein.

Erotische Träume

Heute liege ich ganz allein im Bett,
wärst du doch nur hier, ach, wäre das jetzt nett.

Doch so ist nur das kühle Laken auf meiner nackten Haut,
ich vermisse dich so, du bist mir so vertraut.

Ich stelle mir jetzt vor,
wie deine warmen Lippen über meinen Körper gleiten
und deine erfahrenen Hände zur Tat dann schreiten.

Spüre, wie du an meinem Ohrläppchen saugst,
und mir dabei fast den Verstand nun raubst.

Dein heißer Atem in meinem Ohr,
so stelle ich mir Ekstase vor.

Deine Lippen wie heiße Spuren auf meinem Halse brennen,
ich hoffe, du wirst dich von dieser empfindsamen Stelle
lange noch nicht trennen.

Du bringst nun auch noch deine Zunge mit ins Spiel,
du weißt genau, wie du kommst bei mir ans Ziel.

Deine Finger zaubern auf meiner Haut elektrische Stöße,
ich liege vor dir in meiner ganzen Blöße.

In deinen Augen sehe ich das Begehren schimmern,
ich bin vor Wonne nur noch am wimmern.

Sanft umkreist deine süße Zunge meine Brüste,
ich empfinde dabei höchste Gelüste.

Nun wanderst du zu meinem Bauchnabel hinunter,
so viel Lust auf einmal, ich glaub schon fast an Wunder.

Habe das Gefühl, deine Hände sind nun überall,
ich durchbreche die Mauer der Lust mit Überschall.

Möchte mich am liebsten aus deinen Armen winden,
gleichzeitig wünsch ich mir,
dieses Wahnsinnsgefühl möge nie schwinden.

Ich halte fast den Atem an,
als deine Zunge noch weiter nach unten gleitet,
und mir unsägliche Lust an meiner intimsten Stelle bereitet.

Eine Welle nach der anderen überrollt mich nun,
und ich kann einfach nichts dagegen tun.

Hilflos ausgeliefert bin ich dir,
wünsch nur noch, ich spür dich endlich ganz in mir.

Doch du lässt mich mit diesem Wunsch einfach länger warten,
spielst derweil weiter aus den Trumpf deiner Karten.

Lässt deine Finger in die feuchte Höhle gleiten,
um mich auf mehr von dir vorzubereiten.

Hast mich damit schon kurz vor einer Explosion,
heute gibst du an bei mir den Ton.

Um Erlösung bitte ich dich:
„Oh Himmel, bitte nehme mich."

Längst bin ich dazu doch bereit,
endlich bist auch du so weit.

Quälend langsam eroberst du das feuchte Nest,
ich krall mich vor Lust an deiner Schulter fest.

Voller Erwartung nehme ich dich in mir auf,
bin mir sicher, du setzt gleich noch einen drauf.

Und richtig, du bewegst dich nun sehr intensiv,
und ich spür dich in mir drin ganz tief.

Ich passe mich deinen Bewegungen an,
weiß genau, was nun kommen kann.

Wir treiben gemeinsam dem Höhepunkt entgegen,
was kann es denn Schöneres geben im Leben?

Mit einer Explosion breitest du dich in mir aus,
doch ich lass dich so schnell noch nicht raus.

Will noch ein wenig von deiner Nähe spüren,
denk schon drüber nach, dass ich später werde dich verführen.

Nur widerwillig öffne ich meine Augen,
dass ich allein im Bett liege, kann ich kaum glauben.

Hab doch alles so intensiv gespürt,
du warst doch da und hast mich eben noch verführt.

Ich hatte doch so viel Spaß,
davon zeugt, dass ich bin ganz nass.

Stelle fest, so schön können also erotische Träume sein,
damit ist es gar nicht so schlimm, wenn man ist allein.

Ich träum mich zu dir

Ich träum mich zu dir,
weil du nicht bist bei mir.

Ich träume, dass ich dich morgens wachküsse,
du ziehst daraus sofort deine eigenen Schlüsse.

Ziehst mich in deinen Arm,
ich erliege schon frühmorgens deinem Charme.

Deine Küsse nun leidenschaftlich geworden sind,
befreist mich von meinem Nachthemd ganz geschwind.

Unglaublich, wie gut drauf du schon am Morgen bist,
mit dir zusammen hab ich noch nie was vermisst.

Deine Küsse, die meine verschlafenen Augen wecken,
sehnsuchtsvoll bin ich dabei,
dir meinen Hals entgegenzustrecken.

Liebe es, wenn deine warmen Lippen seitlich entlanggleiten,
gleichzeitig deine Finger zur Tat auch schreiten.

Sie ganz sanft meinen Nacken massieren,
die Spannung, was wird als Nächstes passieren.

Sauge hörbar die Luft ein,
als deine Zunge gleitet in mein Ohr hinein.

Weißt genau, wie du mich in den Wahnsinn treibst,
vor allem, wenn du deinen nackten Körper an meinem reibst.

Jegliche Müdigkeit längst verschwunden,
deine Finger, deine Lippen, deine Zunge
haben den richtigen Weg gefunden.

Sie gleiten ganz sanft meinen Rücken hinab,
mir wird vor Wonne die Luft schon ganz knapp.

Lass mich bereitwillig umdrehen von dir,
du willst jetzt schließlich auch die Vorderseite von mir.

Meine Brüste offenbar dein Frühstück nun sind,
treibst meine Lust ein paar Oktaven höher ganz geschwind.

Dein Mund daran am saugen ist,
während du den Einsatz deiner Hände nicht vergisst.

Machst mich fast verrückt,
als deine Zunge um meinen Bauchnabel gleitet,
gleichzeitig ein Stück tiefer deine Hand zur Tat schreitet.

Ganz automatisch öffnen sich meine Beine,
nein, Hemmungen hab ich nun keine.

Sollst ruhig meine intimste Stelle erkunden,
deine Finger haben sie auch schnell gefunden.

Tasten sich ganz sachte heran,
was bist du nur für ein wunderbarer Mann.

Deine Zunge ist längst den Fingern gefolgt,
ich hätte mich vor lauter Erregung am liebsten weggerollt.

Doch du hast mich fest im Griff,
komm mir vor wie auf einem sinkenden Schiff.

Vor Ekstase krieg ich kaum noch Luft,
deine Arbeit ist nicht wirkungslos verpufft.

Treib dem ersten Höhepunkt entgegen,
so etwas kann ich einfach nur mit dir erleben.

Nur du kennst meinen Körper ganz genau,
schließlich bin ich deine Frau.

Nur eine kurze Pause gönnst du mir,
dann verkündest du, du willst ganz zu mir.

Ich gar nichts dagegen hab,
dich in meiner feuchten Höhle spüren mag.

Dräng mich dir erwartungsvoll entgegen,
als ich dich endlich spür, ist mir, als würde ich schweben.

Gemeinsam unseren Takt wir nun finden,
mir ist, als würden mir alle Sinne schwinden.

Lange bleiben wir so vereint,
bis uns bei einer gemeinsamen Explosion
der Himmel voller Sterne scheint.

Heftig atmend halten wir uns aneinander fest,
du hast aus mir rausgeholt wirklich den letzten Rest.

Hast mich am frühen Morgen
schon zu Höchstleistungen erweckt,
vor den raffiniertesten Tricks nicht zurückgeschreckt.

Ich öffne die Augen und überlege,
war das alles vielleicht nur ein Traum,
das wohlige Gefühl in mir mag dies glauben kaum.

Doch tatsächlich, ich hab mich zu dir geträumt,
bin dabei in höchster Ekstase fast übergeschäumt.

Ich finde das alles so wunderbar,
auch wenn du nicht bei mir bist, sind wir ein Paar.

Das muss einfach die wahre Liebe sein,
dich intensiv zu spüren, auch wenn man ist allein.

So lässt sich die Zeit ohne dich recht gut überstehen,
und dennoch freue ich mich drauf,
endlich wieder zu dir zu gehen.

Alles Geträumte realistisch zu erleben,
dir dann alles von mir zu geben.

Ja, mein Schatz, auf das warte ich nur,
mit dir real die Erotik zu erleben, einfach Liebe pur!

Spuren auf meiner Haut

Mit erwartungsvollen Augen schau ich dich an,
denke mir, was bist du doch für ein toller Mann.

Warte nur, dass du deine Hand ausstreckst,
mit dem Spiel deiner Finger in meinem Haar
Gefühle in mir weckst.

Schmieg mein Gesicht in deine Hand,
was ich jetzt möchte, hast du längst erkannt.

Du nimmst mich deshalb in deine Arme nun,
ich weiß, ich bauch jetzt gar nichts tun.

Deine Lippen, die wie ein Hauch über meine Haare streifen,
deine Hand wird sanft unter mein Kinn nun greifen.

Bringst damit meinen Kopf in die richtige Position,
wir verstehen uns ohne Worte, es fällt kein Ton.

Lippen, die sich aufeinanderlegen,
wir werden uns nun gegenseitig alles geben.

Bereitwillig lass ich deine Zunge rein,
die nun will in meinem Munde sein.

Sie wird nun meinen Mund erkunden,
unsere Zungen haben sich zu einem intensiven Spiel gefunden.

Wellen der Erregung durchfluten mich,
mir ist klar, ich will jetzt nur noch dich.

Hab vor Wonne meine Augen geschlossen,
weiß, wir sind nun zu allem entschlossen.

Mein Hals ist nun dein nächstes Ziel,
ich genieße dieses süße Spiel.

Auch vor meinen Ohren machst du nicht halt,
dies alles lässt mich gar nicht kalt.

Längst macht die Lust sich in meinem ganzen Körper breit,
hoffe, ich bekomm mehr und es ist bald so weit.

Gerne lass ich mir von dir die störenden Kleider ablegen,
du an meiner nackten Haut, ich kann schweben.

Du hinterlässt Spuren, die wie Feuer brennen,
tausend Schauer, die über meinen Körper rennen.

Genieß es auch, deine wachsende Erregung zu spüren,
hab nun Hunger, dich auch zu berühren.

Weiß genau, wie ich kann deine Lust ausreizen,
möchte mit meinen Zärtlichkeiten nicht länger geizen.

Mein Verwöhnprogramm scheint dir zu gefallen,
deine Finger sich in meine Haare krallen.

Wir wollen beide nun unsre Lust ganz ausleben,
wollen uns gegenseitig alles geben.

Mein warmer Schoß längst bereit für dich,
dich nun ganz zu spüren, darauf freu ich mich.

Öffne bereitwillig mich für dich,
tiefes Sehnen nach dir erfüllt mich.

Im Strudel der Lust, als du langsam eindringst
und mich so endlich ganz nimmst.

Deine Stöße lösen aus große Wellen,
die Lust ist nun an allen Stellen.

Beide Körper vereint in größter Leidenschaft,
klammern uns aneinander mit letzter Kraft.

Du versprühst deinen warmen Saft in mir,
ich leb gerad nur im Jetzt und Hier.

Spür die warme Nässe voller Genuss,
geb dir einen liebevollen Kuss.

Du willst dich noch nicht von mir lösen,
so werden wir erschöpft nun dösen.

Doch schon bald sind wir zu neuen Taten bereit,
ich schlüpf erst gar nicht wieder in mein Kleid.

Ja, mein Lieber, die Nacht ist doch noch lang,
dass uns langweilig werden könnte,
davor ist mir gar nicht bang.

Werde dich nun erneut wie eine süße Frucht genießen,
außerdem werden wir den schönen Abend mit Sekt begießen.

Überraschung in der Badewanne

Ein langer Tag, ich komm müde heim,
stelle fest, ich bin ganz allein.

Doch heute stört mich das nicht,
ich mach an im Bad das Licht.

Will den Stress des Tages in der Badewanne hinter mir lassen,
bin dabei, nach meinem Lieblingsbadeschaum zu fassen.

Dann mit Kerzenlicht noch etwas Romantik verbreitet,
auch ein Gläschen Sekt hab ich mir vorbereitet.

Dezente Musik aufgelegt,
ich schau auf die Uhr, es ist schon ziemlich spät.

Streife Stück für Stück meine Kleidung ab,
hatte heute einen Rock an, der war recht knapp.

Setze vorsichtig meinen nackten Fuß ins warme Nass,
freu mich nun auf meinen Badespaß.

Lass mich genussvoll in die Wanne gleiten,
werde dann sogleich zur Tat nun schreiten.

Seife sorgfältig meinen Körper ein,
da kommst plötzlich du zur Tür herein.

Siehst mich da im Schaumbad liegen,
gleich ist deine Vernunft auf der Strecke geblieben.

Sehe das lustvolle Glitzern in deinen Augen,
was dann kommt, mag ich ja kaum glauben.

Auch du ziehst dich gleich aus,
sagst nur:
„Keine Sorge, ich werfe dich nicht aus der Wanne raus.

Ganz im Gegenteil, ich komm zu dir jetzt rein,
na komm, ich seif dich jetzt erst mal richtig ein."

Du nimmst mir die Seife aus der Hand,
an welchen Stellen ich noch nicht war, hast du gleich erkannt.

Seifst mir sanft meine Brüste ein,
nebenbei beim Küssen
schlüpft deine Zunge in meinen Mund hinein.

Kann mich gegen diesen leidenschaftlichen Kuss nicht wehren,
aber will mich über all das ja auch überhaupt nicht beschweren.

Genieß jetzt, dass du meinen Rücken sauber machst
und dich dann an den unteren Regionen zu schaffen machst.

Ich knie mich bereitwillig in die Wanne rein,
denn deine Finger wollen jetzt überall doch sein.

Sie nehmen es mit der Reinigung ganz genau,
schlüpfen wie der Fuchs in seinen Bau.

Die eine Hand immer noch an meinen Brüsten reibt,
hab ich mir die Finger der anderen Hand einverleibt.

So hatte ich mir den Badespaß gar nicht vorgestellt,
fühl mich versetzt in eine andere Welt.

Deine Finger spielen ein wildes, leidenschaftliches Spiel in mir,
ich will jetzt gleich hier in der Wanne mehr von dir.

Sehe, auch du bist längst bereit,
ich spür, jetzt ist es dann so weit.

Du ziehst mich jetzt auf deinen Schoß,
schiebst dich in mich mit einem Stoß.

Unsere Körper von der vielen Seife ganz glitschig,
Sex im Wasser, einfach herrlich spritzig.

Wir bewegen uns nun so heftig,
dass das Wasser nach allen Seiten spritzt,
dabei die Lust und Leidenschaft in unseren Augen blitzt.

Nach einer kleinen Ewigkeit kommst du in mir,
auch ich erlebe meinen Höhepunkt mit dir.

So hatte ich mir mein Entspannungsbad gar nicht vorgestellt,
du hast mir mal wieder gezeigt eine völlig andre Welt.

Hatte schon lang nicht mehr so einen Badespaß,
hinterher war alles ringsum nass.

Doch wir haben beide erlebt den höchsten Genuss,
besiegeln das Ende des Bades mit einem langen Kuss.

Rubbeln uns gegenseitig mit Handtüchern trocken,
sind über den Anblick des klatschnassen Bades
gar nicht erschrocken.

Kuscheln nun gleich weiter drüben im Bett,
ja, der Abend gefällt mir, so ist's romantisch und nett.

Zärtliche Stunden

Du warst ein paar Tage auf Fortbildung und nicht zu Haus,
die Zeit ohne dich war wirklich ein Graus.

Doch heute kommst du endlich wieder heim,
ich weiß jetzt schon, will ganz nah bei dir sein.

Ich hör, du kommst nun die Treppe rauf,
kann's kaum erwarten, dass die Tür geht auf.

Mit einem warmen Lächeln stehst du dann vor mir,
und ich spür unglaubliche Sehnsucht nach dir.

Liebevoll breitest du deine Arme aus,
ich sag nur: „Endlich bist du wieder zu Haus."

Du hältst mich ganz fest und lässt mich nicht mehr los,
flüsterst in mein Ohr: „Komm, setz dich auf meinen Schoss."

Ich seh das Feuer erglimmen in deinen Augen,
du sagst, ich hab dich so vermisst, du wirst es kaum glauben.

Du verschlingst mich fast mit deinem Blick,
sagst anerkennend: „Du bist unglaublich schön und schick."

Ich dreh mich keck vor dir,
sag mit rauer Stimme: „Na dann komm zu mir."

Du lässt dir das nicht zweimal sagen
und bist schon dabei, mich ins Schlafzimmer zu tragen.

Sanft legst du mich ab auf dem Bett,
sagst: „Lass mich noch schnell duschen, das wäre nett."

Ich hab den Drang, dir gleich hinterherzugehen,
und gemeinsam mit dir unter der Dusche zu stehen.

Doch du bremst mich erst mal aus,
flüsterst mir zu: „Nein, wart im Bett, du süße Maus."

Wenig später stehst du mit etwas nass glänzender Haut vor mir,
ich spür hochsteigen die pure Lust nach dir.

Kann es kaum erwarten,
deine Lippen auf meinem Körper zu spüren,
werd deine Hände auf den richtigen Weg führen.

Du machst dich zu schaffen an meinem Kleid,
streifst es mir betont langsam vom Leib.

Machst weiter, bis ich lieg nackt vor dir,
ich flüster: „Komm bitte ganz nah zu mir.

Will deine nackte Haut an meiner nun spüren,
will dich ins Reich der Liebe entführen."

Du liebkost jeden Zentimeter meiner Haut,
es hat sich unglaubliche Lust in uns angestaut.

Deine Lippen wie loderndes Feuer,
so viel Lust schon fast nicht mehr ist geheuer.

Du entfachst in mir ein Feuerwerk der Lust,
find bei dir die Erfüllung, hab es immer schon gewusst.

Halt es langsam nicht mehr aus, will dich in mir spüren,
will dich in die Höhle der Leidenschaft und Lust entführen.

Dräng mich dir ungeduldig entgegen,
fleh darum, als ginge es um mein Leben.

Doch du reizt mich nur noch mehr,
mich zurückzuhalten, gelingt mir nur noch schwer.

Um Erlösung bitte ich deshalb dich erneut,
hab bisher keine Sekunde mit dir bereut.

Endlich nimmst du mich voll und ganz,
sehe in deinen Augen pure Leidenschaft und Glanz.

Treiben nun gemeinsam dem Höhepunkt entgegen,
was kann es Schöneres geben, als mit dir zusammen zu leben?

Find bei dir das größte Glück,
werde eins mit dir, Stück für Stück.

Find gemeinsam die Erfüllung mit dir,
wünsch mir, du bist für immer bei mir.

Schlaf irgendwann in deinen Armen ein,
möcht immer so geborgen sein.

Weiß, jetzt bist du endlich wieder da,
und wir sind uns für immer ganz nah.

Zärtliche Stunden will ich noch viele erleben mit dir,
hoffe, du bleibst für immer bei mir.

Leidenschaft

Ich wart auf dich, leise Musik und Kerzenschein,
endlich öffnet sich die Tür und du, mein Schatz, kommst rein.

Du siehst müde aus,
doch dann seh ich das Funkeln in deinen Augen,
schaust überrascht, als könntest du es gar nicht glauben.

Auf dem Tisch steht schon der kühle Sekt bereit,
ich denke mir: Endlich bist du da, es ist so weit.

Komm lächelnd auf dich zu und nehm dich in den Arm,
es fühlt sich so herrlich gut an, du bist so wunderbar warm.

Meine Lippen legen sich ganz sanft auf deine,
weiß, deine Küsse schmecken gut wie sonst keine.

Vorsichtig beginn ich, meine Zunge zu bewegen,
bin selbst schon kurz davor zu schweben.

Du gehst sofort ein auf mein sanftes Zungenspiel,
du weißt, ich bekomm nie genug, will immer viel.

Leidenschaftlich küssend stehen wir eng umschlungen da,
mit heftig klopfenden Herzen sind wir uns unendlich nah.

Langsam bewegen wir uns Richtung Tisch,
wollen trinken den Sekt, so lang er noch ist frisch.

Das prickelnde Getränk rinnt kühl die Kehle hinab,
du meinst augenzwinkernd:
„Dein Rock ist auch ganz schön knapp."

„Oh ja, mein Lieber, ich will dich ja auch verführen",
setz mich auf dich, dass du dich nicht mehr kannst rühren.

Ich beginn mit dem Spiel meiner Lippen,
nur einmal noch kurz am Sekt schnell nippen.

Deine empfindsamen Stellen sucht nun mein Mund,
dass ich richtig bin, tut mir dein Stöhnen kund.

Lass dich erst gar nicht die Initiative ergreifen,
nein, heut will ich mich mal an dir vergreifen.

Küsse jeden Zentimeter deiner nackten Haut,
früher war ich mal schüchtern, hätte mich das kaum getraut.

Doch jetzt mach ich das mit höchstem Genuss,
das ist erst der Anfang, es ist noch lange nicht Schluss.

Zieh mich selber aus im flackernden Kerzenschein,
deine Augen vor Leidenschaft sind ganz klein.

Will weiter mit meinen Händen auf Erkundungsreise gehen,
will das lodernde Feuer in deinen Augen sehen.

Doch ich hab die Rechnung ohne dich gemacht,
jetzt bist du dran, raunst du in mein Ohr:
„Das wäre doch gelacht."

Ausgeliefert bin ich dir nun völlig willenlos,
Himmel, meine Sehnsucht nach dir ist so groß.

Fleh dich an und bettel darum, dich ganz zu spüren,
dabei wollte doch eigentlich ich dich verführen.

Jetzt spielst du das Spiel wie du es willst mit mir,
ich kann nicht mehr, ich will jetzt einfach mehr von dir.

Endlich bist du bereit, mir alles von dir zu geben,
mir ist, als würd ich nur noch schweben.

Erleb einen Höhepunkt nach dem andern,
kein Wunder, dein Mund und deine Hände wissen,
wohin sie müssen wandern.

Gemeinsam erleben wir die Erfüllung, den höchsten Genuss,
später flüsterst du leise: „Ich liebe dich"
und gibst mir einen Kuss.

Irgendwann frag ich mich, wer hat nun wen verführt,
aber egal, es war wunderbar, dass ich dich hab gespürt.

Glücklich schlafen wir ein Arm in Arm,
fühl mich einfach geborgen und warm.

Lange nicht mehr gesehen

Wir haben uns so lange schon nicht mehr gesehen,
doch nun können wir uns endlich wieder gegenüber stehen.

Mit viel Herzklopfen warte ich nun auf dich,
und hoffe nur, du lässt mich nicht im Stich.

Wirst du noch so aussehen wie vor vielen Wochen,
hab noch deinen Duft in der Nase, du hast so gut gerochen.

Da biegt dein Auto endlich ein,
gleich werde ich wieder nah bei dir sein.

Kann es kaum erwarten, dass du aus dem Auto steigst,
hoffe, dass du dann sehr lange bei mir bleibst.

Will dich mit all meinen Sinnen genießen,
nichts soll uns diesen schönen Tag vermiesen.

Und endlich kommst du auf mich zu,
mein laut klopfendes Herz gibt keine Ruh.

Ich sehe dich mit strahlenden Augen an,
meine Güte, wie liebe ich doch diesen Mann.

Dein warmes Lächeln, deine funkelnden Augen,
dass du wieder bei mir bist, ich kann es kaum glauben.

Und dann nimmst du mich endlich in deinen Arm,
habe fast vergessen, wie das ist so herrlich warm.

Dein Mund sucht meine Lippen,
es ist so prickelnd,
als würde ich an einem Glas Sekt nun nippen.

Wir ertrinken förmlich in einem unendlichen Kuss,
das ist heute erst der Anfang, es ist lange noch nicht Schluss.

Ein Feuerwerk entfachen deine Küsse in mir,
ich will jetzt einfach nur mehr von dir.

Ich kann es kaum erwarten,
dass wir endlich in unser Zimmer gehen,
will jetzt nicht mehr länger mit dir hier draußen stehen.

Gott sei Dank scheinst du die selben Gedanken zu haben,
und als ich dich mit mir ziehe, stellst du keine Fragen.

Ich habe die Türe hinter uns noch nicht mal richtig zu,
da geben deine Finger auch schon keine Ruh.

Sie öffnen Knopf für Knopf von meiner Bluse,
begleitet ist das alles mit viel Geschmuse.

Achtlos fällt sie dann zu Boden,
als du meinen BH öffnest, ist die Lust in mir am toben.

Ganz sacht streifen deine Fingerspitzen über meine Brüste
und erwecken in mir ungeahnte Gelüste.

Deine Zunge nun meinen Hals entlanggleitet
und mir somit noch viel mehr Erregung bereitet.

Wie du mir den Rock ausziehst, krieg ich kaum noch mit,
drängst mich sanft in Richtung Bett, Schritt für Schritt.

Ohne mit dem Küssen aufzuhören,
bist du dabei, mich mit deinen Fingern am betören.

Denn über meinen ganzen Körper gleiten sie,
wusste bis dahin nicht, dass ich sogar habe ein erogenes Knie.

Ich will deine nackte Haut an meiner spüren,
möchte, dass wir uns gegenseitig nun verführen.

Deshalb versuche ich nun auch,
dich von deiner Kleidung zu befreien,
könnte eh vor Lust und Wonne schon laut schreien.

Ich zerre an deinem T-Shirt voller Ungeduld,
doch daran bist du selber schuld.

Schließlich machst du mich
mit Mund und Zunge ganz verrückt
und von deinen sanften Fingern bin ich auch verzückt.

Mit viel Fingerspitzengefühl entfernst du meinen Slip nun,
ich kann gegen die Wellen der Erregung gar nichts tun.

Auch ich befreie dich von den letzten Kleidungsstücken,
als deine Finger sich in meinem Schoß verirren,
stöhne ich auf vor Entzücken.

Deine Finger hören nicht auf,
denken nicht dran, sich auszuruhen,
sie wissen ganz genau, was sie müssen tun.

Sie gleiten immer tiefer in die Feuchtigkeit,
erforschen, ob ich bin zu mehr bereit.

Oh ja, ich bin zu mehr bereit, bin mich schon am winden,
die Lust wird immer größer, ist gar nicht mehr am schwinden.

Doch erst mal muss ich dich noch ein bisschen verwöhnen,
will schließlich auch hören, wie du bist vor Lust am stöhnen.

Lass also spielerisch meine Lippen über deinen Körper gleiten
und auch meine Hände sind zur Tat am schreiten.

Meine Finger spielen auf deiner Haut wie auf einem Klavier,
sie wissen ganz genau, was sie tun müssen bei dir.

Um dir die große Lust zu verschaffen,
kann ich auch mit meiner Zunge nicht von dir lassen.

Ich mach dich damit ganz verrückt,
bin selbst von meinem Spiel entzückt.

Hätte Lust, dich so noch ewig weiter zu quälen,
doch du bist dabei, mir die Show zu stehlen.

Denn du schiebst dich nun ganz frech auf mich,
doch es ist egal, ich bin eh längst bereit für dich.

Nehme dich voller Wonne in mir auf,
später wechseln wir die Position
und ich setz mich auf dich drauf.

Reite auf dir wie auf einem wilden Pferd,
mit dieser Taktik lieg ich bei dir gar nicht so verkehrt.

Damit habe ich erwischt, was dir besonders gut gefällt,
wir beiden befinden uns nun in unserer eigenen Welt.

Treiben so dem Höhepunkt entgegen,
wir sind uns gegenseitig alles am geben.

Wir schreien unsere Lust laut heraus,
du bist in deiner höchsten Ekstase ein Augenschmaus.

Endlich haben wir unsere Erfüllung gefunden,
die Zeit der langen Trennung aus der Erinnerung verschwunden.

Es ist, als wärst du nie fort gewesen,
ich kann die tiefe Liebe zu mir in deinen Augen lesen.

Wir genießen nun jede Minute zusammen,
unsere Körper stehen an diesem Tag noch oft in Flammen.

Abends muss dann jeder wieder seine eignen Wege gehen,
doch wir wissen beide, wir werden uns bald wiedersehen.

Wir freuen uns schon heute auf diesen neuerlichen Genuss,
und verabschieden uns voneinander
mit einem langen, zärtlichen Kuss.

Jeder fährt mit der schönen Erinnerung
an den heutigen Tag nach Hause,
wir wissen genau, das nächste Wiedersehen steht an,
es ist nur eine kleine Pause.

Kapitel II

Liebe und Sehnsucht

Dann ist es so weit

Wenn Gefühle dich umarmen
und du versuchst, es als Sympathie zu tarnen,
dann ist es so weit,
und die Liebe hält sich für dich bereit.

Wenn du glaubst, zum Himmel zu schweben
und siehst nur noch rosarot das Leben,
dann ist es so weit,
und die Liebe hält sich für dich bereit.

Wenn du spürst, was Geborgenheit ist
und du den anderen jede Sekunde vermisst,
dann ist es so weit,
und die Liebe hält sich für dich bereit.

Wenn du Schmetterlinge hast im Bauch
und heftiges Herzklopfen auch,
dann ist es so weit,
und die Liebe hält sich für dich bereit.

Wenn du nicht mehr klar denkst
und überlegst, dass du nun dein Herz verschenkst,
dann ist es so weit,
und die Liebe hält sich für dich bereit.

Wenn du nur noch lächelnd durch das Leben gehst
und manchmal völlig neben dir stehst,
dann ist es so weit,
und die Liebe hält sich für dich bereit.

Wenn du nachts nicht mehr schlafen kannst
und den anderen nicht mehr aus den Gedanken verbannst,
dann ist es so weit,
und die Liebe hält sich für dich bereit.

Wenn du dich in süße Träume hüllst
und deine Gedanken mit Zärtlichkeiten füllst,
dann ist es so weit,
und die Liebe hält sich für dich bereit.

Wenn dich bloße Gedanken in Wärme hüllen
und Sehnsucht ist dein Herz am erfüllen,
dann ist es so weit,
und die Liebe hält sich für dich bereit.

Wenn du ständig auf dein Telefon schaust
und dich deswegen nicht mehr aus dem Hause traust,
dann ist es so weit,
und die Liebe hält sich für dich bereit.

Wenn du fühlst, der andere ist dir näher als nah
und du dir wünscht, er wäre immer da,
dann ist es so weit,
und die Liebe hält sich für dich bereit.

Wenn du bereit bist, von dir alles zu geben
und dir wünscht ein gemeinsames Leben,
dann ist es so weit,
und die Liebe hält sich für dich bereit.

Wenn du grenzenlos vertraust
und tief in die Augen des anderen schaust,
dann ist es so weit,
und die Liebe hält sich für dich bereit.

Wenn du das alles spürst
und den anderen gedanklich schon verführst,
dann ist es so weit,
und die Liebe hält sich für dich bereit.

Hab nur Geduld, irgendwann ist es auch bei dir so weit,
und die Liebe hält sich dann für dich bereit.

Die Liebe

Kannst du die Liebe spüren?
Sie geht ganz tief in dich hinein.
Lass dich von diesem Gefühl verführen,
es leuchtet in deinem Herzen wie Sonnenschein.

Sie gibt dir Geborgenheit,
umhüllt dich mit ihrem zarten Band,
spürst du ihre Zärtlichkeit?
Arm ist, wer sie nie hat gekannt.

Ist sie mal da, lässt sie dich nie mehr los,
sie begleitet dich jeden Tag,
du fragst dich, wie war es ohne die Liebe bloß,
es ist so schön, wenn da jemand ist, der dich mag.

Sie verzaubert dein Leben,
wirbelt durcheinander einfach alles,
doch was kann es Schöneres geben,
sie immer bei sich zu haben, im Fall des Falles.

Liebe, sie verbindet,
sie geht manchmal einen unergründlichen Weg,
manchmal sucht sie lange bis sie findet,
doch für die Liebe ist es nie zu spät.

Dennoch hat sie auch zweierlei Gesicht,
ist mal süß, mal bitter,
die eine Seite von ihr mag man nicht,
wenn sie bringt statt Sonne ein dickes Gewitter.

Dann musst du ihr auch mal verzeihen,
es kann nicht jeder Tag sein voll Sonnenschein,
kannst dich eh nicht von ihr befreien,
sie ist immer da, lässt dich nie allein.

Lass zu, dass sie dein täglicher Begleiter ist,
lass dich von ihr führen,
sei sicher, dass sie dich nicht vergisst,
du wirst sie bis zum letzten Atemzug spüren.

Du bist ein schönes Gefühl

Deine Küsse auf meiner Haut, so süß wie Beeren,
kann mich gegen das Prickeln in mir nicht wehren.

Deine Lippen auf meinen Mund, so heiß wie Feuer,
jedes Mal wie ein neues Abenteuer.

Das Streicheln deiner Finger, wie ein elektrischer Stoß,
die Hitze breitet sich aus bis in meinem Schoß.

Das sanfte Spiel deiner Zunge, wie eine feuchte Spur,
mit dir das zu erleben, ist Erotik pur.

Dein heißer Atem, wie der Wind in einem Baum,
ich komm mir manchmal vor wie in einem Traum.

Das Begehren in deinen Augen, so tief wie der Ozean,
ich mich diesem Blick nicht entziehen kann.

Deine liebevollen Worte, wie Musik in meinem Ohr,
sie gibt den Rhythmus in meinem Leben vor.

Dein Verständnis, wie Balsam auf meiner Seele,
deine Liebe fließt durch all meine Kanäle.

Dein für mich da sein, wie ein täglicher Begleiter,
du bringst mich in meinem Leben immer wieder weiter.

Deine Hände, die du mir reichst, wie ein starker Halt,
bei dir fühl ich mich geborgen, wird mir nicht kalt.

Deine Schulter zum Anlehnen, wie ein starker Baum im Wind,
fühl mich bei dir beschützt wie ein Kind.

Einfach du, das gibt mir ein schönes Gefühl,
fühl mich wie zu Hause, mir ist nie mehr kühl.

Du, es ist schön, dass es dich gibt,
ja, du, in dich bin ich halt verliebt!

Du und ich

Du und ich, das ist wie Sterne,
die gemeinsam leuchten am Himmelszelt,
wir lieben uns und haben uns nicht nur gerne,
wir beide gegen den Rest der Welt.

Du und ich, das ist wie der tiefe Ozean,
was uns zwei verbindet,
uns beide nichts trennen kann,
das Gefühl zwischen uns nie schwindet.

Du und ich, das ist wie ein loderndes Feuer,
Hitze, die niemals vergeht,
jeder Tag ein neues Abenteuer,
wir haben uns gegenseitig den Kopf verdreht.

Du und ich, das ist wie der hellste Sonnenschein,
der Leben spendet,
keiner fühlt sich je allein,
wir glauben daran, dass sich das Blatt niemals wendet.

Du und ich, das ist wie zwei Felsen in der Brandung,
die nichts erschüttern kann,
manchmal löst das für andre aus Verwunderung,
doch du bist für mich einfach der richtige Mann.

Du und ich, das ist wie die vier Jahreszeiten,
stürmisch wie oft der Herbst, neu erblühend wie das Frühjahr,
erfrischend wie der Winter ist Kühle am verbreiten
und wie der Sommer, einfach ein heißes Paar.

Du und ich, mit Worten kaum zu beschreiben,
Dinge, die nicht greifbar sind,
hoffen wir, es wird viel gemeinsame Zeit verbleiben,
ach, würde diese doch nicht immer vergehen so geschwind.

Du fehlst mir immer mehr

Weißt du eigentlich, wie sehr du mir fehlst,
wie du mich mit deiner Abwesenheit quälst?

Draußen ist die Sonne am scheinen,
doch ich sitz drinnen und bin am weinen.

Bin dabei, mich nur in meiner Arbeit zu vergraben,
damit ich mir nicht dauernd stelle sinnlose Fragen.

Du warst der Halt in meinem Leben,
hast mir unendlich viel Kraft gegeben.

Mit dir konnte ich lachen und auch weinen,
du hast es geschafft,
dass die Sonne dann war wieder am scheinen.

Du hast jeden Tag mit mir miterlebt,
wir haben immer geplaudert, bis es war sehr spät.

Wann immer mir danach war, griff ich zum Telefon,
du warst meist dran schon beim ersten Ton.

Es gab nichts Schöneres als deine Stimme zu hören,
du hast immer gesagt, ich würde dich nicht stören.

Wie Balsam auf meiner Seele, das warst du,
ich sehe dich vor mir, wenn ich mach die Augen zu.

Doch es erfüllt mich nur mit tiefem Schmerz,
hab das Gefühl, für immer gebrochen ist mein Herz.

Mir ist längst klar, dich gibt es nur einmal,
gegen dich ist jeder andere zweite Wahl.

Hab versucht, mein Leben in normale Bahnen zu lenken,
wollte sogar mein Herz wieder neu verschenken.

Schaff es einfach nicht mehr,
mich an den schönen Dingen des Lebens zu freuen,
wenn ich mich doch mal mit einem anderen treffe,
bin ich es nur am bereuen.

Merk immer schnell, es ist nur vergeudete Zeit,
bin nie mehr für eine neue Liebe bereit.

Ich suche nach Liebe und Zärtlichkeit,
aber nur du gibst mir das Gefühl von Geborgenheit.

In meinem Herz bist einfach nur du,
hab das Gefühl, so wie du hört mir keiner zu.

Es heißt, die Zeit heilt alle Wunden,
doch mein Schmerz ist genauso wenig
wie die Sehnsucht verschwunden.

Kann einfach kein normales Leben mehr führen,
will nur dich spüren.

Hab das Gefühl in mir ist was zerbrochen, tief drin,
ohne dich macht alles keinen Sinn.

Ich schaff es nicht, mein Leben in den Griff zu kriegen,
kann nicht aufhören, dich zu lieben.

Seit zwei Monaten bist du weg,
eine kleine Ewigkeit,
jeden Tag macht sich die Sehnsucht
mehr und mehr in mir breit.

Weiß nicht wie ich meine Sehnsucht in den Griff kriegen kann,
weiß nur, du bist für mich der richtige Mann.

Ich kann mit dieser ungewissen Warterei nicht leben,
wann wird es wieder deine Liebe in meinem Leben geben?

Du fehlst mir mit jedem Tag mehr,
komm zurück, ich brauche dich so sehr.

Hilf mir, dass für mich wieder die Sonne scheint,
und mein Herz endlich nicht mehr weint.

So warte ich jeden Tag auf dich mit tausend Tränen,
derer ich mich aber nicht bin am schämen.

Doch all die Tränen helfen mir nicht,
mir würde es nur gut gehen,
wenn deine Stimme zu mir spricht.

Ach, du fehlst mir immer mehr,
ein Leben ohne dich ist sinnlos und so schwer.

Ich trag jetzt nur noch die Hoffnung im Herzen,
dass du zurückkommst
und aus meinem Herz nimmt die Schmerzen.

Es ist Sommer, doch du bist nicht da

Nun endlich ist der Sommer da,
laue Sommernächte laden zum verweilen ein,
doch du, du bist mir alles andre als nah,
muss abends trinken ganz alleine meinen Wein.

Du bist irgendwo in weiter Ferne,
es gibt nichts Schöneres,
als zu zweit zu genießen die Sommertage,
neben dir auf einem Liegestuhl sitzen, würde ich gerne,
doch wo bist du, stell ich mir ständig diese Frage.

Du lässt mich diesen Sommer einfach ganz allein,
was wollten wir doch alles zusammen machen,
nun wärm ich mich ganz einsam im Sonnenschein,
es fällt mir schwer, dabei fröhlich zu lachen.

Eis essen ohne dich,
alleine baden im See,
wie geht's dir dabei, frag ich mich,
kommst du vielleicht erst wieder beim nächsten Schnee?

Hatte mir alles so toll vorgestellt,
wollte Hand in Hand mit dir über Wiesen streifen,
wollte mit dir erobern die sommerliche Welt
und nach den Sternen greifen.

Für die Liebe ist der Sommer doch die schönste Zeit,
konnte es kaum erwarten, dass es endlich so weit ist,
war für jede Schandtat mit dir bereit,
jetzt würde ich gerne wissen, ob du mich auch so vermisst.

Dich zu lieben in der lauen Sommernacht,
mit dir gemeinsam die Sterne zählen,
hätte so gern mit dir den ganzen Sommer verbracht,
doch wir konnten den Schicksalsweg nicht selber wählen.

Ich spür, der Sommer wird ohne dich vergehen,
ich muss das so hinnehmen und akzeptieren,
muss nach vorne schauen, darf mich nicht umdrehen,
dass ich wohl auf den nächsten Sommer warten muss,
bin ich am kapieren.

Langsam geht der Sommer ohne dich vorbei,
wie schnell doch die Zeit vergeht,
ich hoffe, ich bin dir nach wie vor nicht einerlei,
denn du hast mir ganz gewaltig den Kopf verdreht.

Auf den nächsten Sommer warte ich sehnsuchtsvoll,
möchte ihn unbedingt mit dir erleben,
hoffe, es wird dann für uns beide toll,
will dir gern alles von mir geben.

Es wäre schön

Es wäre schön,
wenn wir uns in vielen Jahren noch so lieben wie heute,
so glücklich sind, dass es sehen können alle Leute.

Es wäre schon,
wenn du mir dann immer noch liebevoll in die Augen schaust
und mir genauso wie heute vertraust.

Es wäre schön,
wenn du dann immer noch so zärtlich bist
und mich jede Sekunde, die ich nicht bei dir bin, vermisst.

Es wäre schön,
wenn du mich wie heute noch in deinen Armen hältst
und nie in Gleichgültigkeit gegenüber mir verfällst.

Es wäre schön,
wenn du mir auch dann noch dein Vertrauen schenkst
und mit sanfter Hand unser gemeinsames Lebensschiff lenkst.

Es wäre schön,
wenn du mir immer deine Geborgenheit gibst
und mich mit der gleichen Leidenschaft wie heute liebst.

Es wäre schön,
wenn du mich auch im Alter noch als attraktive Frau siehst
und mich nicht irgendwann achtlos zur Seite schiebst.

Es wäre schön,
wenn immer das Feuer der Leidenschaft zwischen uns glimmt
und uns niemand das Gefühl der tiefen Zärtlichkeit
zwischen uns nimmt.

Es wäre schön,
wenn du immer wie jetzt so aufmerksam bleibst
und mit mir gemeinsam in guten wie in schlechten Zeiten
nach den Sternen greifst.

Es wäre schön,
wenn du mir immer zeigst, wie sehr du mich liebst
und dafür alles von dir gibst.

Es wäre schön,
auch nach vielen Jahren täglich von dir
ein „Ich liebe dich" zu hören
und sich nicht an kleinen Macken des anderen zu stören.

Es wäre schön,
immer das Gefühl, dass du mich auf Händen trägst, zu spüren,
lasse mich auch gerne nach vielen Jahren noch von dir verführen.

Es wäre schön,
wenn wir gemeinsam werden alt
und die Liebe zwischen uns wird nie kalt.

Es wäre schön,
es gäbe eine Fee, die all diese Wünsche erfüllen kann,
dann würde ich mir zuerst wünschen,
dass mir nie genommen wird der geliebte Mann!

Küsse von dir

Küsse von dir,
oh ja, die schmecken mir.

Manchmal sind sie wie süßer Wein,
der rinnt in die Kehle hinein.

Dann wieder zart wie Konfekt,
sehnsuchtsvolle Gefühle werden in mir geweckt.

Ein anderes Mal wie frisch gebrühter Kaffee so heiß,
würde dafür zahlen jeden Preis.

Sie können auch feurig wie Peperoni sein,
vor allem wenn deine Zunge gleitet in meinen Mund hinein.

Oft streifen sie wie ein Windhauch zart über meinen Mund
und tun damit deine ganzen Gefühle kund.

Manchmal erfrischend wie Eis
und doch wird mir davon heiß.

Wenn's mir schlecht geht, sind sie die beste Medizin,
dass es mir wieder gut geht, kriegen sie mühelos hin.

Wenn ich hungrig bin, machen sie mich satt,
manchmal setzen sie mich auch schachmatt.

Deine Küsse, sie schmecken mir Tag und Nacht,
haben mich oft genug schon völlig durcheinander gebracht.

Küsse von dir, ich will sie überall spüren,
lasse mich gerne davon verführen.

Ja, ich liebe es, von dir geküsst zu werden,
es gleicht einem Ritt auf wilden Pferden.

Und schon halte ich mich für dich bereit,
und hoffe, es ist mit der Küsserei bald wieder so weit.

Mein Herz

Mein Herz, es weint,
weil dort keine Sonne mehr scheint.

Mein Herz, einsam und allein,
möchte so gern wieder bei dir sein.

Mein Herz, erfüllt von Liebe zu dir und doch so leer,
ich vermisse dich einfach so sehr.

Mein Herz, völlig aus dem Liebesrhythmus,
sehne mich so nach deinem Kuss.

Mein Herz sehnt sich so nach dir,
doch du bist weit fort und nicht bei mir.

Mein Herz fragt ständig nach dem Warum,
doch du, du bleibst einfach stumm.

Mein Herz, es ruft nach dir ganz laut,
denn nur du bist mir so vertraut.

Mein Herz, es spielt verrückt, wenn ich an dich denk,
du bist für mich einfach das größte Geschenk.

Mein Herz, du füllst es mit größtem Glück,
und doch hab ich Angst, es bricht Stück für Stück.

Mein Herz, zerbrechlicher als Glas,
habe Angst, für dich war alles nur Spaß.

Mein Herz, bitte lass es nicht im Stich,
ich dachte, du liebst nur mich.

Mein Herz, ich habe es in deine Hände gelegt,
sag jetzt bitte nicht, es ist für uns zu spät.

Mein Herz, ich habe es dir geschenkt,
irgendeine höhere Macht hat das doch so gelenkt.

Mein Herz, nun voller Fragen,
bin langsam wirklich am verzagen.

Mein Herz, du kannst es heilen,
vielleicht erreichen dein Herz ja diese Zeilen!

Niemals war es wie mit dir

Ich hab oft schon Liebe empfunden,
doch nie zuvor war es wie mit dir,
hab das Gefühl, habe nun den Richtigen gefunden,
ich hoffe, dir geht es auch so wie mir.

Deine Blicke, sie gehen mir unter die Haut,
deine Worte, sie streicheln meine Seele,
alles ist mit dir so vertraut,
die Liebe fließt durch sämtliche Kanäle.

Wärme durch dich, wo eigentlich Kälte ist,
das wunderbare Gefühl von Geborgenheit,
ich habe nie zuvor jemanden wie dich vermisst,
es gibt nicht Schöneres als deine Zärtlichkeit.

Du und ich, das ist eine Einheit,
wir ergänzen uns wie Yin und Yang,
mit dir verspüre ich nie mehr Einsamkeit,
in meinen Augen bist du ein toller Mann.

Du zauberst Schmetterlinge in meinen Bauch,
mein Herz klopft wie verrückt,
kriege Hitzewallungen auch,
lieb dich täglich mehr, Stück für Stück.

Himmel, was machst du nur mit mir,
kann nur noch an dich denken,
sehne mich mit jeder Faser meines Herzens nach dir,
möchte dir gerne alles von mir schenken.

Verwirrst mir völlig meine Sinne,
jeder Tag mit dir wie Sonnenschein,
würde am liebsten Tag und Nacht hören deine Stimme,
fühl mich überhaupt nicht mehr allein.

Ich möchte dieses schöne Gefühl für immer erleben,
hoffe, ich darf diese Liebe ewig empfinden,
möchte immer auf Wolke 7 mit dir schweben,
bete nur,
du mögest nie mehr aus meinen Leben verschwinden.

Sehe überall deine Spuren

Du hast Spuren bei mir hinterlassen,
sie sind immer greifbar, kann sie immer fassen.

Auch wenn du nicht da bist,
kann ich immer deine warme Stimme hören,
bist selbst im Traum mich damit am betören.

Wenn ich an einem schönen Frühlingstag
den blauen Himmel sehe,
ist mir's, als wären es deine blauen Augen,
die mich anschauen aus nächster Nähe.

Sehe ich rote Tulpen im Garten blühen,
kommt mir's vor, als würden deine Lippen auf meinen glühen.

Da vorn, ein stämmiger Baum am Wegesrand,
hab darin sofort deinen Körper wieder erkannt.

Die mächtigen Äste, die in den Himmel sich strecken,
in mir Sehnsucht nach deinen Armen erwecken.

Die großen Wurzeln tief verankert im Boden,
auch dich kann ich für deine Bodenständigkeit nur loben.

Wenn der Wind mit den Blättern am spielen ist,
sind das die Zärtlichkeiten von dir,
die ich in dem Moment hab vermisst.

Wenn Musik dringt an mein Ohr,
kommt mir das gleich wie Liebkosungen von dir vor.

Wenn ich die Sonne sehe am Himmel stehen,
ist es gleich,
als würdest du mir dein lachendes Gesicht zudrehen.

Die Sterne am weiten Himmelszelt,
gleich der Freude, die du bringst auf diese Welt.

Sehe ich den Mond, den Wächter der Nacht,
ist es, als hättest du mich eben mal verschmitzt angelacht.

Selbst wenn ich den Regen spür auf meiner Haut,
ist das wie deine Streicheleinheiten so vertraut.

Danach die Luft so klar und rein,
du aus der Dusche, das könnte nicht anders gewesen sein.

Wenn ein Sturm über Felder und Wiesen braust,
ist das gleich dem, wie du durch mein Leben saust.

Wenn ich die Hitze eines Sommertages fühl,
denk ich gleich an dich, denn da ist mir auch nie kühl.

Wenn die Sonne als Abendrot am Himmel versinkt,
ist es gleich, wie wenn man in deiner Liebe ertrinkt.

Wenn ich sehe die Pflanzen sprießen,
denk ich daran, wie gern wir gemeinsam über Wiesen liefen.

Wenn ich hohe Berge sehe, denke ich sofort an dich,
wie auf einer einsamen Hütte
auf einem Bärenfell willst verführen mich.

Wohin ich auch schau, überall Spuren von dir,
du bist mit der gesamten Natur in mir.

Sehe ich die Natur, sehe ich dich jeden Tag,
ich dafür so dankbar sein mag.

So deine Spuren bei mir nie verblassen,
könnte dich genauso wenig wie die Natur verlassen.

Spuren von dir, sie sind immer da,
damit bist du mir einfach unheimlich nah.

Sommer ohne dich

Der Sommer hat Einzug genommen in unserem Land,
wo du aber bist, ist mir nicht bekannt.

Bist im Winter von heut auf morgen
aus meinem Leben verschwunden,
das hab ich bis heute nicht überwunden.

Hab gewartet das ganze Frühjahr auf dich,
doch du hast mich gelassen im Stich.

Jetzt ist es Sommer, den wollten wir gemeinsam erleben,
wollten zusammen durch's Leben schweben.

Haben uns den Sommer so toll vorgestellt,
wollten erobern die ganze Welt.

Sommer, das heißt Sonne und Wärme,
abends am Himmel blinkende Sterne.

Im See baden gehen,
in der Schlange vor der Eisdiele stehen.

Abends den Grill anschmcißen,
im Café sich um die letzten freien Plätze reißen.

Eis essen, bis der Bauch ist kalt,
gemütliche Spaziergänge im Wald.

Nachts draußen sitzen im hellen Mondenschein,
das ist nur schön, wenn man nicht ist allein.

Die Stille des Abends genießen,
tagsüber schauen, wie die Blumen sprießen.

Hand in Hand spazieren gehen,
auf dem Jahrmarkt im Karussell fröhliche Runden drehen.

Verträumt Arm in Arm am Seeufer sitzen,
in der Sonne auf dem Liegestuhl schwitzen.

All die Sommerfeste besuchen,
tägliches Essen von leckeren Obstkuchen.

Ja, das alles wollten wir zusammen machen,
hatten viele Pläne, wollten gemeinsam lachen.

Wir hatten uns das so toll vorgestellt,
für uns war sie in Ordnung, unsere kleine Welt.

Doch alles kam anders von heute auf morgen,
dich haben gedrückt irgendwelche Sorgen.

Was es genau ist, das weiß ich leider nicht,
für mich ist es aber, als hätte jemand ausgemacht das Licht.

Kann die bunten Farben des Sommers gar nicht sehen,
denn meine Gedanken sind sich nur um dich am drehen.

Allein macht der Sommer einfach keinen Spaß,
sitze traurig und einsam im grünen Gras.

Ein Sommer ohne dich,
wie das gehen soll, das frag ich mich.

Auf den Sommer habe ich gar keine Lust mehr,
ihn zu genießen, fällt mir ohne dich so schwer.

Ich fühl, du kommst auch jetzt im Sommer nicht zurück,
hoffe nur noch, ich hab im Herbst endlich Glück.

Vielleicht können wir wenigstens
den goldenen Herbst zusammen erleben,
und du wirst mir da all das,
was ich im Sommer vermisst habe, geben.

So warte ich jetzt auf den Herbst ganz sehnsüchtig,
nehme die Freuden des Sommers wahr nur ganz flüchtig.

Frag mich, was du nun allein im Sommer machst,
ob du mit anderen Leuten zusammen lachst.

Träumst du auch von unserem Sommer zu zweit,
wann bist du zur Rückkehr bereit?

Ich hoffe, dass wir noch viele Sommer zusammen erleben
und uns da all unsere Liebe geben.

Deshalb sammele ich jetzt all meine Kraft,
damit ich bald den Sommer ohne dich hab geschafft.

Wir beide

Das zwischen uns ist so tief wie der Ozean,
uns nichts und niemand trennen kann.

Jeden Tag spür ich dieses wunderbare Gefühl,
es wärmt mich und ist es draußen noch so kühl.

Es umfängt mich und gibt mir Geborgenheit,
das ist mindestens so schön wie deine Zärtlichkeit.

Wir haben beide erkannt, wie kostbar das zwischen uns ist,
jeder nun weiß, was man früher hat vermisst.

Dieses Gefühl von Endlich-angekommen-Sein,
sich nie mehr zu fühlen allein.

Selbst über Entfernung das Gefühl der Liebe tief in sich spüren,
das Vertrauen, man wird sich nicht mehr verlieren.

Gibt es etwas Größeres auf dieser Welt
als unsre Liebe, so weit wie das Himmelszelt.

Wir fangen uns gegenseitig auf,
setzen uns gemeinsam auf Wolke 7 drauf.

Jeder behandelt den anderen so vorsichtig wie ein rohes Ei,
wir sind uns gegenseitig kostbar und nicht einerlei.

Wir können uns tief in die Seele sehen,
sind die ideale Ergänzung,
um miteinander durch's Leben zu gehen.

Nur du allein machst mich zur Frau,
was ich brauche, weißt nur du ganz genau.

Wir verstehen uns einander ohne Wort,
bin ich mal traurig, küsst du mir die Tränen fort.

Wir wissen, wir können uns gegenseitig vertrauen,
auch in schlechten Zeiten aufeinander bauen.

Auch Fehler zu verzeihen, das können wir,
es geht mir unendlich gut, wenn du bist bei mir.

Wir beide zusammen, das ist kostbarer als ein Edelstein,
ich schwör dir, ich lass dich nie allein.

Unsere Wege wurden wie durch Zauberhand
zusammengeführt,
dass da mehr zwischen uns,
hat jeder schnell gespürt.

Der Weg leider nicht nur eben, sondern auch steinig und steil,
bringt er uns auch manchmal tiefen Schmerz zuweil.

Doch die Liebe zwischen uns ist stark genug,
auch das zu überstehen,
mutig laufen wir trotzdem weiter,
ohne uns umzudrehen.

Wir beide, das ist Yin und Yang,
wir haben einfach gemacht den perfekten Fang.

Wir beide, ja, wir gehören einfach zusammen,
sind in unseren tiefen Gefühlen gefangen.

Komm, mein Schatz, reich mir deine Hand,
ich hab so ein tiefes Gefühl von Liebe nie vorher gekannt.

Ich möchte mit dir gemeinsam durch das Leben gehen,
nur noch nach vorne schauen,
mich nicht nach Vergangenem umdrehen.

Wir beide, das ist mehr als nur du und ich,
ich mag's dir immer sagen: Ich liebe dich!

Zweifel

Hab endlich die große Liebe gefunden,
dann war sie von heut auf morgen
aus meinem Leben verschwunden.

Doch hab immer fest an uns geglaubt,
werde ich irgendwann meiner Illusion beraubt?

Tapfer durchgestanden nun schon so viele Wochen,
du hast mir schließlich ja fest was versprochen.

Doch jetzt ich langsam am Ende bin,
frag mich: Hat die Warterei denn einen Sinn?

Zweifel, ich wehr mich so gegen dieses Gefühl,
aber spür deine Wärme nicht mehr, es ist so kühl.

Du entfernst dich immer weiter mit jedem Tag,
wo soll das enden? Ich daran gar nicht denken mag.

Ich spür förmlich, wie du mir entgleitest,
frag mich, warum du mir so einen Schmerz bereitest.

Ich kann dich kaum noch spüren, ich so verzweifelt bin,
kann mir jemand sagen: Hat das alles noch irgendeinen Sinn?

Ich kann es nicht mehr aufhalten, es ist so weit,
was soll ich tun, Zweifel machen sich in mir breit.

Zweifel, du schürst sie in letzter Zeit immer wieder,
sie sind so schwer, sie drücken mich erbarmungslos nieder.

Sag mir doch, wie soll ich mich dagegen wehren?
Kann sie doch nicht einfach aus meinem Leben kehren.

Verzweiflung, sie füllt mein Herz,
ich empfinde mittlerweile nur noch Schmerz.

Unmenschlich die Aufgabe, die du mir stellst,
vorbei die Tage, wo du mein Leben erhellst.

Du willst mich schützen, aber wer schützt unsere Liebe?
In meinem Inneren nur noch wütende Kriege.

Merkst du nicht, wie langsam alles zerbricht,
wenn dein Mund nicht mehr zu mir spricht?

Wie lang soll ich das denn aushalten
und für alles andre meine Gefühle ausschalten?

Merkst du nicht,
wie du mir nimmst so viel von meinem Leben,
wie willst du mir das jemals alles wiedergeben?

Ich hab Angst, dass in mir was für immer zerbricht,
das niemand mehr zusammenflicht.

Hab Angst, ich kann nicht mehr da anknüpfen,
wo wir mal waren,
am liebsten würde ich gleich zu dir fahren.

In tausend Scherben zerbreche ich langsam,
Zweifel, bist du wirklich der richtige Mann?

Oh Gott, die Zweifel beginnen mich zu zerfressen,
wer weiß, vielleicht hast du mich längst schon vergessen.

Bin in einem Tränenmeer ertrunken,
dabei war ich einst in deiner grenzenlosen Liebe versunken.

Wer holt mich raus aus diesem tiefen Loch,
will an uns glauben doch.

Doch ich hab allein die Kraft nicht mehr,
die Warterei ist einfach so schwer.

Kälte, ich spür nur noch Eiseskälte in mir,
weiß ja nicht mal, wie lang du nicht bist hier.

Kommst du jemals wieder zurück
oder entfernst du dich mehr, Stück für Stück?

Wer bist du eigentlich, kenn ich dich wirklich so genau?
Im Moment erscheint alles grau in grau.

Warum tust du mir all das an,
was, wenn ich dich eines Tages nicht mehr lieben kann?

Woher soll ich nur nehmen die Kraft,
du hast mich einfach komplett geschafft.

Ich tue jeden Tag alles, um dich lebendig zu erhalten,
dass ja nicht meine Gefühle sind am erkalten.

Doch meine Kraft verschwindet,
noch ist es da, das unsichtbare Band, das uns verbindet.

Doch wie lange noch?
Ich sink immer tiefer in das Loch.

Treib nur noch hilflos auf dem Ozean,
weiß nicht, ob ich noch an dich glauben kann.

Ich weiß allmählich gar nichts mehr,
die Last, die du mir auferlegt hast, ist zu schwer.

Ich kann mir das selber alles nicht verzeihen,
bin ganz laut am Hilfe schreien.

Doch es ist niemand da,
und du bist ja auch so fern, statt mir ganz nah.

Ich steh da, ganz allein,
frier, weil ich niemanden kann lassen in mein Herz hinein.

Du bist da noch ganz tief drin,
doch nun die Zweifel, macht das denn noch Sinn?

Kann ich mich ewig vor dem Leben verschließen,
wird auch für mich mal wieder da Glücke sprießen?

Fragen, die mich am auffressen sind,
fühl mich nur noch hilflos wie ein Kind.

Angst, dass wir uns für immer verlieren,
Angst, dich vielleicht nie wieder zu spüren.

Angst, dass ich für immer daran zerbrech,
dabei war ich doch einst so fröhlich und frech.

Bin gefangen in der Warterei,
dabei weiß ich nicht mal,
ob ich dir vielleicht längst bin einerlei.

Die Verzweiflung legt sich wie ein Schleier über mich,
sag täglich zu deinem Bild „ich liebe dich".

Doch mein Liebster, was soll ich tun, ich kann nicht mehr,
hab langsam das Gefühl, ich lauf nur Illusionen hinterher.

Wie lang muss ich mich noch weiter quälen,
kann ich Wochen oder muss ich gar Monate zählen?

Ich weiß weder ein noch aus,
bring dich ja aber auch nicht einfach so
aus meinem Herzen raus.

Bin ich verdammt, also einfach weiter zu leiden
oder wirst du mir endlich doch mal schreiben?

Innerlich zerbrochen, so fühl ich mich,
kommen jetzt dann Zweifel, ob lieb ich dich?

Weiß nur eines: Jeder Tag ist eine Qual für mich,
werd ich jemals leben können ohne dich?

Du hast tiefe Narben auf meiner Seele hinterlassen,
weiß langsam nicht mehr, soll ich dich lieben oder hassen.

Zweifel, sie haben mich immer mehr im Griff,
Zweifel, befind mich auf einem sinkenden Schiff.

Unaufhaltsam in die Tiefe gezogen,
wurde ich am Ende gar nur belogen?

Hab das Gefühl,
dass ich wie so oft mal wieder nur der Verlierer bin,
warum immer ich, was macht das für einen Sinn?

Zweifel, bald am ganzen Leben,
ach, könnt ich mich doch nur wie ein Vogel
in die Lüfte erheben.

Einfach abhauen, weit weg für immer,
denn es kann ja eh nicht kommen schlimmer.

All meiner Illusionen beraubt,
dabei hab ich so an uns geglaubt.

Warum hast du mir das nur angetan,
dass ich jetzt nicht mal frei mehr leben kann?!

Du tust mir gut

Du hast mein Herz berührt
und mich zu einem Lächeln verführt.

Du hast meine Seele berührt,
hab gleich deine Liebe gespürt.

Du hast tief in mein Innerstes geschaut,
dir hab ich gleich vertraut.

Du hast tief mir in die Augen geschaut
und mir dabei den Verstand geraubt.

Du hast Wärme mir gegeben,
du bereicherst wirklich mein Leben.

Du hast neuen Mut mir gegeben,
mit dir bin ich auf Wolke 7 am schweben.

Du hast den Weg in mein Herz gefunden,
mit dir sind alle Ängste verschwunden.

Du hast jeden wunden Punkt bei mir gefunden,
dadurch hab ich alles Vergangene überwunden.

Du hast mir neue Wege gezeigt,
bin jetzt zu neuen Schritten bereit.

Du hast mir deine Liebe gezeigt,
dass ich auch wieder lieben kann, ist nun so weit.

Du hast mir gezeigt, dass alles zu schaffen ist,
es fällt mir leicht, wenn du nur bei mir bist.

Du hast mir gezeigt, was ein echter Partner ist,
hab jetzt erst gemerkt, was ich immer schon hab vermisst.

Du hast mir gezeigt, wie es ist, wenn jemand zu mir steht,
und man dann gemeinsam die Wege geht.

Du hast mir gezeigt, wie es ist,
wenn jemand an meiner Seite steht,
nun weiß ich endlich: Für die wahre Liebe ist es nie zu spät.

Ich liebe dich

Ich hatte dich ja von Anfang an sehr gern,
doch ich geb's zu,
du war zuerst an meinem Himmel nur ein kleiner Stern.

Doch zwischen uns entwickelte sich etwas mit der Zeit,
das mir einzugestehen, dazu war ich lang noch nicht bereit.

Hab mich mit aller Macht
gegen aufkeimende Gefühle gewehrt,
mir damit wohl auch so einiges erschwert.

Wollt nicht hören, dass du empfindest mehr für mich,
und doch spürte ich erste zarte Gefühle für dich.

Warum sonst warst du dauernd in meinen Gedanken,
reiß dich bloß zusammen,
wies ich mich selber in die Schranken.

Jeder Nachricht von dir fieberte ich entgegen,
du warst plötzlich der Mittelpunkt in meinem Leben.

Auf einmal war dieses lang verschwundene Herzklopfen
wieder da,
du warst mir plötzlich gefährlich nah.

Ich sehnte mich zwar danach
und doch wollt ich es erst blockieren,
wusste einfach nicht, ob ich sollte es probieren.

Mit meinen Gefühlen kämpfte ich nun jeden Tag,
doch stellte fest, dass ich dich keine Sekunde missen mag.

Musste mir eingestehen, ich bin rettungslos verliebt,
und bin einfach nur froh, dass es dich gibt.

Doch dir verheimlichte ich meinen Zustand noch eine Weile,
wollte mir erst sicher sein, hatte damit keine Eile.

Irgendwann gestand ich dir dann ein,
doch ein bisschen verliebt zu sein.

Ich bin sicher, das hat dich dann sehr gefreut,
und ich hab diesen Satz auch nie bereut.

Dennoch wollte ich dir
ohne ein persönliches Treffen mehr nicht sagen,
war mir eh sicher, du würdest dich darüber nie beklagen.

Doch dann bekam ich dich mit der Kamera zur Sicht,
konnte endlich sehen dein Gesicht.

Fortan war es noch persönlicher zwischen uns,
ach, dank sei der Technik Kunst!

Ab diesem Moment gab es jedoch
für meine Gefühle kein Halten mehr,
den ganzen Tag auf den Abend zu warten fiel mir so schwer.

Ich merkte, dass ich nicht nur ein bisschen verliebt in dich bin,
mein Gott, das muss ja Liebe sein,
kam mir irgendwann in den Sinn.

Wahr haben wollte ich das anfangs nicht,
konnte aber nicht mehr überhören, was mein Herz da spricht.

Zuerst dacht ich noch,
ich kenn dich nicht persönlich, das ist verrückt,
doch dann fiel meine Mauer Stück für Stück.

Und als ich dich dann
an diesem einen bestimmen Abend wiedersah,
da warst du mir plötzlich mehr als sonst so nah.

Mit einem Schlag war mir nun klar, dass ich's kann wagen,
und zu dir „ich liebe dich" kann sagen.

Ich hab all meinen Mut dazu gebraucht,
hätte am liebsten eine Zigarette geraucht.

Hab gegrübelt, wie krieg ich das nur hin,
ach ja, ich schreib's, kam mir dann in den Sinn.

Da ich mich in schriftlicher Form kann am besten ausdrücken,
war mir klar, mit einem geschriebenen „Ich liebe dich"
kann ich dich auch entzücken.

Und so hab ich schnell die passende Karte gesucht
und gefunden,
plötzlich waren alle meine Barrieren und Hemmungen
verschwunden.

Dieses erste „Ich liebe dich" schrieb ich mit Leichtigkeit,
in meinem Herzen war plötzlich
nur noch Frohsinn und Heiterkeit.

War plötzlich froh, dass es ist nun raus aus mir,
wollt es nur noch schnell schicken zu dir.

Konnte dich sogar beim Lesen meiner Karte sehen,
mein Gott, wollt am liebsten gleich zu dir gehen.

Hätte dich dabei so gern in den Arm genommen,
du hättest tausende Küsse von mir bekommen.

Doch ich weiß,
irgendwann wirst du mir endlich persönlich gegenüberstehen,
dann kann ich dir sagen: „Ich liebe dich"
und dabei in deine Augen sehen.

Jetzt genieß ich erst mal das Gefühl
von Herzklopfen und Gänsehaut,
bin ich froh, dass ich mich endlich hab getraut.

Fühl mich nun, als würde ich schweben,
lauf mit einer Leichtigkeit durch mein Leben.

Ich liebe dich, wie schön ist dieser kleine Satz,
ich weiß jetzt, du bist mein allergrößter Schatz.

Möcht dich für immer halten, dich nie mehr verlieren,
will nie mehr spüren das Gefühl in der Sonne zu erfrieren.

Ich liebe dich, das ist wie Musik im Ohr,
manchmal komm wie in einem Traum ich mir vor.

Ich hoff, ich wach aus diesem Traum nie mehr auf,
„ich liebe dich", schrei in die Welt ich raus.

Hab lang gebraucht, diese drei Worte zu sagen,
wollt aber erst wirklich sicher sein,
bis dass ich konnte es wagen.

Ich weiß aber, du konntest das immer verstehen,
deshalb lieb ich dich auch,
lass mir weiter von dir den Kopf verdrehen.

Wünsch mir, unsere Liebe möge nie enden,
will dich immer halten an beiden Händen.

Wünsch mir, unsere Liebe wächst wie ein Baum,
kann mir vorstellen, dass ist unser beider Lebenstraum.

Dass unsere Liebe wird alles besiegen
und lässt sich durch nichts unterkriegen.

Ja, du, mein Schatz, das wünsch ich mir,
„ich liebe dich", sag ich nun zu dir.

Feierabend

Du kommst ganz gestresst von der Arbeit nach Haus,
und ich schau auch nicht viel besser aus.

Mach uns schnell was zum Essen,
du sagst, du würdest den Tag am liebsten vergessen.

Standest in der Früh schon im Stau,
und dein Kollege machte einfach blau.

Bei mir sah der Tag auch nicht viel besser aus,
ich sag zu dir: „Komm, wir fahren zum See noch raus."

Ich packe zwei Gläser und Champagner ein,
dann setzen wir uns ins Auto rein.

Unsre Laune steigt mit jedem Stück,
lassen den Alltagsstress hinter uns zurück.

Am See angekommen, schaust du mich zärtlich an,
ich dir da kaum noch widerstehen kann.

Wir laufen langsam los, Arm in Arm
und mir wird ums Herz ganz warm.

Ich merke, wie ich mich schon entspann,
wir sind ganz allein, uns keiner stören kann.

Nach einer Weile finden wir am Ufer einen schönen Platz,
ich kuschel mich an dich, du sagst:
„Ich liebe dich, mein Schatz."

Die Abendruhe wird kurz gestört
vom Knall des Öffnens der Champagnerflasche,
ich hol voller Vorfreude die beiden Gläser aus der Tasche.

Prickelnd perlt das kühle Getränk nun im Glas,
wir haben beim Zuprosten unseren Spaß.

Dein Mund streift zärtlich meine Lippen,
zwischendurch wir wieder am Champagner nippen.

Die Dämmerung bricht langsam über uns herein,
die Stille fängt uns auf, wir fühlen uns nicht allein.

Ab und zu ist ein leises Plätschern zu hören,
doch wir lassen uns davon keinesfalls stören.

Nehmen den friedlichen Anblick ganz tief in uns auf
und sind einfach glücklich und super drauf.

Hier an diesem Ort gibt es nur die Natur, dich und mich,
mein Gott, hier spür ich, wie sehr lieb ich dich.

Flüster dir diese Worte voll Inbrunst ins Ohr,
komm mir fast ein bisschen
wie ein frisch verliebter Teenager vor.

Aber auch dich hat der Zauber des Ortes erfasst,
das Leuchten deiner Augen im Mondschein gar nicht verblasst.

Schaust mich voller Liebe und Zärtlichkeit an,
sagst: „Es ist so wunderschön, dass ich alles vergessen kann."

Du sagst: „Es war eine herrliche Idee hierher zu kommen,
ich hab Natur noch nie so intensiv wahrgenommen."

Haben uns vorgenommen, das viel öfters zu machen,
im Alltagsstress vergisst man schnell so schöne Sachen.

Wollen uns fortan öfters mal verzaubern lassen
und den Stress hinter uns lassen.

Bleiben noch lang eng umschlungen sitzen im Mondenschein,
die Sorgen und Probleme erscheinen uns ganz klein.

Genießen uns beide und das weite Himmelszelt,
sind eins mit uns und dieser schönen Welt.

Fahren erst spät nachts gut gelaunt nach Haus,
erinnern uns lachend daran,
dass wir früh morgens müssen raus.

Doch wir sind durch diese wenigen Stunden wieder voll Energie,
diese wunderschöne gemeinsame Zeit vergessen wir nie.

Das Land der Liebe

Mein Herz fährt Achterbahn,
komm, steig ein, willst du mit mir fahrn?

Willst du mit mir lauter schöne Sachen erleben,
mit mir in den 7. Himmel der Liebe schweben?

Komm her zu mir, gib mir deine Hand,
wir brechen jetzt auf in ein unbekanntes Land.

Das Land der Liebe wird es genannt,
es ist leider nicht vielen Menschen bekannt.

Doch wir beide dürfen es jetzt erkunden,
bin sicher, es wird uns sehr gut munden.

Komm, wir laufen los ganz geschwind,
sind übermütig wie ein kleines Kind.

Die Liebe, sie hüllt uns mit ihrer Wärme ein,
wir werden darin ganz geborgen sein.

Komm, halt mich ganz fest,
gemeinsam gehen wir zu unserem Liebesnest.

In unserer gegenseitigen Liebe versinken wir,
fühlen uns ganz wohl und geborgen hier.

Hier gibt es kein Denken an morgen,
es ist ein Land ganz ohne Sorgen.

Hier gibt es nur dich und mich,
und unser geflüstertes „Ich liebe dich".

Die Liebe hält uns in ihrem Arm,
uns ist so wunderbar warm.

Glücksgefühle durchströmen uns wie ein Bach,
unendliche Zärtlichkeit hält uns wach.

Können unsere Lippen nicht voneinander lassen,
staunen über so viel Liebe, können es kaum fassen.

Ja, wir sind im Land der Liebe angekommen,
wurden dort ganz herzlich aufgenommen.

Dürfen nun all das Schöne genießen,
können schauen, wie unser Pflänzchen Liebe ist am sprießen.

Sind dazu auserkoren, in diesem Paradies nun zu leben,
oh ja, wir werden alles dafür geben.

Denn wir wollen von hier nie mehr gehen,
werden immer zueinander stehen.

Dass wir hierher eingeladen worden sind,
wissen wir zu schätzen,
ja, hier wollen wir bleiben, hierhin werden wir uns setzen.

Hier sitzen wir nun eng umschlungen,
der Schritt ins Land der Liebe ist uns gelungen.

Wollen von hier nie mehr fort,
für uns gibt es keinen schöneren Ort.

Es ist so schön, dass du mit mir gekommen bist,
ich hätte dich sonst so sehr vermisst.

Es wäre schön, wenn du mit mir für immer bleibst
und dich ganz unserer Liebe verschreibst.

Ich will für immer mit dir im Land der Liebe bleiben,
will nie mehr unter Einsamkeit und Lieblosigkeit leiden.

Die Liebe hat uns eingeladen, für immer bei ihr zu verweilen,
ich hoffe, du siehst das auch so, wenn du liest diese Zeilen.

Danke

Danke, dass du mich liebst
und mir so unglaublich viel gibst.

Danke, dass du deine Zeit mit mir verbringst
und doch nie über mein Leben bestimmst.

Danke für deine Zärtlichkeit,
und dass du mir gibst Geborgenheit.

Danke, dass ich dir vertrauen kann,
du bist für mich der perfekte Mann.

Danke, dass du an meiner Seite stehst,
ich genieß es, dass du mir den Kopf verdrehst.

Danke, dass du mich nimmst, wie ich bin,
mich ändern zu wollen, kommt dir nicht in den Sinn.

Danke, dass du bist, wie du bist
und mich auch im größten Lebenssturm nicht vergisst.

Danke, dass du mir zeigst, was Liebe ist,
ich merk erst jetzt, was ich hab vermisst.

Danke, dass es dich gibt,
was bin ich doch unglaublich verliebt.

Danke, lieber Gott, dass du mir geschickt hast, diesen Mann,
weiß wirklich nicht, wie ich dir dafür genug danken kann.

Die Rose

Es war einmal eine Rose, stolz und schön,
ein jeder tat gerne den Kopfe nach ihr drehen.

Zu ihrer schönen Blüte gehörten die Dornen dazu,
sie glaubte, sich damit vor Feinden zu verschaffen Ruh.

Sie glaubte, damit vor Angreifern sicher zu sein,
denn sie würde stechen mit ihren Dornen tief hinein.

Doch immer wieder gelang es einigen,
einzelne Dornen zu brechen,
ich lass nie mehr jemanden an mich ran,
war ihr geheimes Versprechen.

Nur noch wenige Dornen zu ihrem Schutze da,
durfte doch noch einer kommen ihr ganz nah.

Er war mit viel Liebe die Rose am pflegen,
und mit ganzem Herzenseinsatz sie am hegen.

In seinen Händen erblühte die Rose in ihrer vollsten Pracht,
und das alles beinah über Nacht.

Doch irgendwann nahm er ihr
die noch wenig verbliebenen Dornen,
dabei war sie gerade dabei,
für ihn die schönste Blüte zu formen.

Da stand sie nun, die einst stolze, schöne Rose,
fühlte sich nur noch nackt und bloße.

Und doch wollte sie weiterleben,
wollte ihm nach wie vor ihre schönste Blüte geben.

Ihr Stiel, nun schutzlos, nackt und leer,
fiel ihr das jedoch sehr schwer.

Doch gestärkt vom unsichtbaren Band der Liebe
bekam sie ganz zart und sachte neue Triebe.

Es dauerte alles seine Zeit,
doch eines Tages war es dann so weit.

Eine Rose ohne Dornen,
jedoch in ihrer schönsten Blütenpracht,
hat ihn, den sie so liebte, an seinem Hochzeitstage angelacht.

Kapitel III

Nachdenkliches

Alleine sein

Manchmal möchte ich einfach nur alleine sein,
da kommt kein anderer in meine Gedanken rein.

Muss einfach auch mal abschalten,
bin ja auch nur am werkeln und am walten.

Will dann die Sorgen des Alltages von mir streifen,
will dann auch zu keinem Telefonhörer greifen.

Will dann mit niemandem sprechen,
werde diese Regeln auch nie brechen.

Brauch auch mal eine Auszeit vom Leben,
kann ja auch nicht immer alles geben.

Zieh mich dann ganz still zurück,
such in der Natur mein ganzes Glück.

Streif dann durch Wald und Flur,
was gibt es Schöneres als die Ruhe der Natur.

Brauch mich nicht anzustrengen, die Stille zu hören,
lasse mich durch nichts und nicmanden dabei stören.

Saug sie ein, die gute klare Luft,
längst alle Sorgen wie im Nichts verpufft.

Hör wie die Vögel im Wald ihre Lieder singen,
nehme es mit
und lass es immer wieder in meinem Herz erklingen.

Genieße es, wie der Wind spielt mit meinem Haar,
in meinem Herzen mittlerweile alles rein und klar.

Meine dunklen Gedanken mit jedem Schritt abgelegt,
mir ist es ganz egal, dass es ist schon spät.

Hab auf einer Anhöhe eine wacklige Bank gefunden,
als ich dort sitze,
ist auch der letzte düstere Gedanke längst verschwunden.

Lass meinen Blick übers Tal nun schweifen,
hab das Gefühl, ich kann das Glück nun greifen.

Ich greif nur einfach zu,
was gibt es Schöneres als diese himmlische Ruh?

Ich pack diesen Tag in mein Herz hinein
und geh mit einem befreiten Gefühl wieder heim.

Erschöpft und müde bin ich zwar nun,
doch ich weiß,
morgen kann ich alles mit neuer Energie wieder tun.

Werde nun meine Augen schließen
und in Gedanken einfach diesen Tag noch mal genießen.

Eine Auszeit, ja, die brauch ich ab und zu,
drum seit so nett und lasst mich dann auch ganz in Ruh.

Komm dafür mit neuer Energie zurück,
kann euch davon was abgeben, Stück für Stück.

Eine Auszeit sollte sich jeder ab und an mal gönnen,
es ist traurig, wenn manche das nicht können.

Denn manchmal ist der Akku halt einfach leer,
dann noch was zu leisten, ist sehr schwer.

Lieber mal rechtzeitig auf die Bremse gehen,
sonst ist man nur dabei, sich sinnlos im Kreis zu drehen.

Die Natur kann einem so viel Kraft doch geben,
schaut sie euch an, die spendet euch das Leben!

Eine Träne

Eine Träne geht auf Reise,
sie rollt herab ganz still und leise.

Sie ist manchmal aus Liebe geweint,
Glück und Schmerz miteinander vereint.

Sie sucht sich verzweifelt ihre Spur,
wo wird sie enden nur?

Eine Träne, die ihre Reise im Herzen hat begonnen,
und dann auf der Wange ist zerronnen.

Eine Träne, die sich nach außen drängt
und dem Weinenden damit Erleichterung schenkt.

Eine Träne, die lautlos ihre Geschichte erzählt,
sie hat den Weg nach außen gewählt.

Sie konnte nicht länger drinnen bleiben,
zu groß war dort das Leiden.

Eine Träne, sie wischt die Ereignisse fort,
versiegt an einem unbekannten Ort.

Eine Träne, hast du schon einmal ihre Schönheit gesehen,
warum ist man bei ihrem Anblick nur den Kopf am wegdrehen?

Wie sie doch schimmert und schillert in den Augen,
wie ein kostbarer Diamant, man mag es kaum glauben.

Eine Träne, sie kann einem doch so viel geben,
oft ist sie gar die Wende im Leben.

Darum weine deine Tränen ungeniert,
sei einfach offen für das, was danach passiert.

Eine Träne, da rollt sie herab ganz leise
und geht auf eine unbekannte Reise.

Die Zeit vergeht

Herbstwind weht übers Land,
kaum zu glauben, wie schnell die Zeit ist verrannt.

Das letzte Weihnachtsfest noch gar nicht lange her,
dass das nächste bald vor der Türe steht,
fällt zu glauben schwer.

Was haben wir alle den Frühling herbeigesehnt,
bald hat keiner mehr den vielen Schnee erwähnt.

Konnten kaum erwarten, dass die ersten Blätter sprießen,
genervt hat uns der viele Regen,
der oft war vom Himmel am fließen.

Dann endlich kam die ersehnte Spargelzeit,
und bald war's mit den Erdbeeren, Himbeeren
und Kirschen auch so weit.

Der Frühling hat sich ganz lautlos davongeschlichen,
ist ganz unauffällig dem Sommer gewichen.

Lange Tage mit viel Sonnenschein,
da wollte man gar nicht mehr ins Haus hinein.

An so manchen Tagen über die Hitze gestöhnt,
sich abends mit Gegrilltem auf der Terrasse verwöhnt.

In Bikini und Badehose auf dem Liegestuhl geschwitzt,
die Kinder haben sich übermütig mit Wasser bespritzt.

Dann kam noch die jährliche Urlaubsreise,
Eis war bei der Hitze die Lieblingsspeise.

Und plötzlich morgens die ersten Nebelschwaden,
vorbei war's mit einem Schlag im See zu baden.

Die Nächte mit einem Mal frisch und kühl,
sie bringen uns ein herbstliches Gefühl.

Mit letzter Kraft bäumt sich die Sonne
an so manchen Tagen noch auf,
doch die Zugvögel sitzen schon vermehrt
auf den Dächern drauf.

Vorbei sind die schönen Sommertage,
dass der Herbst längst vor der Türe steht, ist keine Frage.

Die Bäume werfen schon ihre Blätter ab,
warme Tage sind gezählt und werden knapp.

Immer öfter brausen Stürme über das Land,
geben uns den nahenden Winter bekannt.

Blasen das letzte Laub von den Bäumen,
jetzt können wir nur noch von den heißen Tagen träumen.

Früh abends braucht man schon das Licht,
Nebelbänke versperren einem oft die Sicht.

Und eines Morgens, man glaubt es ja kaum,
der erste Frost hat sich eingeschlichen, welch ein böser Traum.

Jetzt wird wohl jedem klar,
der Winter steht unmittelbar vor der Tür,
das ist nun mal der Lauf der Dinge,
es kann ja keiner was dafür.

Doch er hat ja auch seine gemütliche Seiten,
wenn der Kachelofen seine Wärme ist am verbreiten.

Nun sitzt man bei einem heißen Tee
und mit Wollsocken zu Haus,
geht nur ungern dick eingepackt
mit Anorak und Mütze hinaus.

Ja, das nächste Weihnachtsfest steht unmittelbar bevor,
man ist froh, wenn ab und zu noch blinzelt die Sonne hervor.

Eisigkalter Wind kündet an den ersten Schnee,
es wird nun lange dauern, bis wieder blüht der Klee.

Doch so schnell wie die Zeit vergeht,
dann schon wieder der Frühling vor der Türe steht.

Nikolaus und Weihnachtsfest im Nu vorbei,
beginnt schon wieder die lustige Narretei.

Der Winter wird damit ausgetrieben,
nur die Erinnerungen an alles sind geblieben.

Es bleibt nur die Verwunderung, wie schnell die Zeit vergeht
und wie flink sich der Zeiger an der Uhr doch dreht.

Und schon wieder ist ein Jahr vorbei,
ehe man zählen kann bis drei.

Drum lasst uns jeden Tag ganz bewusst erleben,
und hoffen, man wird uns genug Zeit dafür noch geben.

Ein Brief

Ein Brief geht auf die Reise
und erfreut den Empfänger in ganz besonderer Weise.

Ein Brief, im Zeitalter der Elektronik mit Hand geschrieben,
so ist für die Ewigkeit was ganz Besonderes geblieben.

Ein Brief, von Herzen kommt er,
zwischen den Zeilen zu lesen, ist gar nicht schwer.

Ein Brief, geschrieben mit viel Gefühl,
lässt den Empfänger gar nicht kühl.

Ein Brief, mit Worten so klar,
alles, was geschrieben steht, ist wahr.

Ein Brief, der die Seele des Empfängers berührt,
ihn auf ganz besondere Weise verführt.

Ein Brief, der ein Herz erreicht
und den Leser erweicht.

Ein Brief, nur mit wenigen Zeilen,
doch wird er immer im Herz des Lesers verweilen.

Ein Brief, geschrieben mit viel Bedacht,
der Schreibende hat sich viel dabei gedacht.

Ein Brief, dessen Handschrift was ganz Besonderes ist,
so einen Brief man nie vergisst.

Ein Brief, der im Leben was ändert ganz unbewusst,
ob der Schreibende das etwa hat gewusst?

Ein Brief, der Signale sendet,
niemand weiß, wo das endet.

Ein Brief, ganz unschuldig auf die Reise gegangen,
hat seinen Empfänger eingefangen.

Ein Brief,
nur ein Stück beschriebenes Papier könnte man denken,
doch er kann so viel Freude seinem Empfänger schenken.

Ein Brief, so kurz und sagt doch so viel,
das war sicher des Schreibenden sein Ziel.

Ein Brief, geschrieben für die Ewigkeit,
beim Lesenden macht sich große Freude darüber breit.

Ein Brief,
man sollte ruhig mal wieder öfters zum Stifte greifen,
was gibt es Schöneres,
als wenn beim Schreiben die Gedanken reifen?

Ein Brief, mit Hand geschrieben, ein Stück Persönlichkeit,
er macht sich immer im empfangenden Herzen breit.

Deshalb probier es doch einfach einmal aus,
hole jetzt gleich Papier und Stifte raus!

Ein Brief, unglaublich, was man damit erreicht
und wie viele Herzen man damit erweicht.

Ein handgeschriebener Brief
wird immer etwas Besonderes sein,
er fängt seinen Empfänger mit seinem Zauber ein.

Ein Brief, ihm ist nie zu weit ein Weg,
ihn zu schreiben, dazu ist es nie zu spät.

Ein Brief, komm fang an ihn zu schreiben, hab nur Mut,
sei sicher, auch du kannst es und machst es gut!

Nun schick auch deinen Brief auf weite Reise
und verzaubere damit den Empfänger
auf deine persönliche Art und Weise.

Es geht dir doch gut

Es gibt Tage, die erscheinen dir grau und leer,
jeder Handgreif erscheint dir dann besonders schwer.

Magst morgens erst gar nicht aus dem Bett,
findest dich selber nicht nett.

Haderst mit dir und deinem Schicksal,
empfindest dein Leben als richtige Qual.

Bist über alles und jeden am schimpfen und fluchen,
doch vielleicht solltest du es einfach mal
mit einem Lächeln versuchen.

Überleg, warum grämst du dich so sehr,
was fällt dir eigentlich so schwer.

Bist doch gesund und hast genug Geld,
weißt du eigentlich,
wie viel arme Menschen es gibt auf der Welt?

Die nicht wissen, wo sie etwas zum Essen bekommen,
Kinder, die vor Hunger sind ganz benommen.

Die kleinen Körper ausgezehrt,
treffen sie auch Krankheiten ganz vermehrt.

Doch für Behandlungen fehlt das Geld,
hast du dir schon mal Gedanken gemacht
über das Elend der Welt?

Du jammerst einfach nur rum,
doch schau dich einmal um.

Mach die Augen auf für die vielen Alten und Kranken,
und weiß dich mit deinem Gejammer
mal selber in die Schranken.

Du stehst doch auf zwei gesunden Beinen,
was meinst du, wie viel Gelähmte um so etwas weinen.

Du hast einen Kopf, der klar denkt,
ein Schädel-Hirn-Verletzter hätte das gern geschenkt.

Du leidest doch an keinem Schmerz
und hast auch ein gesundes Herz.

Hast du mal überlegt,
wie viel Menschen auf einer Liste stehen
und auf ein solches warten,
für die hat das Schicksal nicht so gut gemischt die Karten.

Und du jammerst und klagst über deinen Tag,
so ein Mensch vielleicht gar nicht mehr
an morgen denken mag.

Doch ist dir aufgefallen,
dass grad die oft am wenigstens klagen
und sich nicht stellen so viele sinnlose Fragen.

Menschen, wo es berechtigt wäre, wenn sie klagen,
doch sie sind am kämpfen und nicht am verzagen.

Menschen, deren Kampf gegen Krankheiten sinnlos scheint,
sie haben vielleicht höchstens heimlich geweint.

Und du, du fällst wegen einer Kleinigkeit in eine Depression,
sitzt da mit trauriger Miene und klagendem Ton.

Dabei hast du doch ein Dach über dem Kopf
und stets genug zu essen in deinem Topf.

Ist dir aufgefallen, dass es Menschen gibt,
die unter einer Brücke schlafen,
und da glaubst du, dass Gott dich will bestrafen?

Du, wo ein weiches Bett hast zu Haus
und schaust auf einen großen Garten hinaus.

Nein, mein Freund, dir geht es doch gut,
solltest dir eine Scheibe abschneiden
von anderer Leute Mut.

Ich glaube, dir geht es so gut, dass du es glatt verkennst,
pass nur auf, dass du dein Glück
nicht irgendwann vor lauter Jammern verschenkst.

Wach endlich auf und schau dich mal um,
vielleicht macht dich das Leid von anderen dann mal stumm.

Vielleicht schafft du es ja dann, dankbar zu sein,
merkst dann, dass du Freunde hast und bist nicht allein.

Schlechte Tage, die hat jeder mal,
doch mach daraus nicht ein Jammertal.

Vergiss nie, wie gut es dir im Prinzip doch geht,
und dass sich die Erde, egal was kommt, immer weiter dreht.

Sei dankbar, dass du von echtem Leid bist verschont,
und dass das Leben dich so reich belohnt.

Denk auch mal an die, denen es wesentlich schlechter geht,
vielleicht kannst du dem ein oder anderen ja helfen
bevor es ist zu spät.

Glück

Weißt du wie sich für mich Glück anfühlt?
Ich kann es an vielen Kleinigkeiten empfinden.
Es ist so schön,
wenn eine Sternschnuppe am Abendhimmel verglüht,
und so wunderbar,
wenn die Sonne als roter Ball am Horizont ist am schwinden.

Wenn ein Tag mit Sonnenschein beginnt,
draußen die Vögel in den höchsten Tönen singen,
der Hahn vom Nachbarn in deren Lied einstimmt
und sie mit dem Mauzen der Katze als bunter Chor erklingen.

Glück durchströmt mich, wenn meine Kinder mich anlachen,
sie „Mama, ich hab dich lieb" zu mir sagen,
ja, selbst wenn sie Blödsinn machen,
und in den Augen eines Erwachsenen
oft stellen nervige Fragen.

Glück ist, wenn ich morgens gesund aufstehen kann,
auf eigenen Beinen durch das Leben laufe,
zärtliche Worte höre vom geliebten Mann
und mir einfach mal eine Kugel Eis
in einem Straßencafé kaufe.

Glück heißt für mich,
wenn es den Menschen, die ich liebe, gut geht,
wenn es jemanden gibt, zu dem das Wort „Freund" passt,
wenn sich im Leben nicht immer nur alles
ums Materielle dreht
und in der Not mich auch mal jemand an seiner Hand fasst.

Wenn ich anderen ein Lächeln ins Gesicht zaubere,
ist das Glück,
wenn es mir gelingt, anderen Freude zu machen,
und wenn ich mit meiner Art
andere Herzen erobere, Stück für Stück,
die Menschen mit mir gerne zusammen lachen.

Glück ist für mich,
wenn ich mit dem geliebten Partner zusammen sitze,
in seinen Augen pure Liebe sehe,
mit ihm gemeinsam im Sommer auf dem Liegestuhl schwitze
und morgens, mit einem Kuss von ihm geweckt, aufstehe.

Glück heißt für mich, jeden Tag bewusst zu erleben,
dankbar für alles zu sein,
möglichst vielen Menschen Liebe zu geben,
sich trotzdem geborgen zu fühlen,
auch wenn man mal ist allein.

Glück kann ich eigentlich an jeder Straßenecke sehen,
es ist nicht nur an wenigen Dingen festzumachen,
man muss nur stets mit offenen Augen durchs Leben gehen,
dann sieht man so viele fürs Glück verantwortliche Sachen.

Holzkreuze am Straßenrand

Immer wieder Holzkreuze am Straßenrand,
du fährst vorbei, hast die Menschen ja nicht gekannt.

Holzkreuze, hinter jedem steht ein Schicksal,
es bedeutet so viel Leid und Qual.

Manche mit reichem Blumenschmuck, andere nur mit Kerzen,
die Angehörigen tragen ihre Trauer tief im Herzen.

Sie sind gleichzeitig Erinnerung und Mahnmal,
sie stehen an vielen Stellen, keiner weiß die genaue Zahl.

Oft haben junge Menschen hier ihr Leben verloren,
das Schicksal hat einen grausamen Weg für sie auserkoren.

So manch einer hat sich beim Fahren selbst überschätzt,
ist dann gestorben, weil er war zu schwer verletzt.

Mancher Unfall passiert, weil Alkohol vernebelte die Sinne,
die Holzkreuze gleich einer mahnenden Stimme.

Etliche Male auch eine Verkettung unglücklicher Zufälle,
mitunter eine falsche Reaktion auf die Schnelle.

Holzkreuze, sie erinnern,
hier ging ein Menschenleben zu Ende,
gab es im Leben der Angehörigen eine unabdingbare Wende.

Holzkreuze, stumme Zeugen unzähliger Dramen,
manchmal findet man dort auch Bilder in Rahmen.

Holzkreuze, für viele Hinterbliebenen die einzige Möglichkeit
mit den Geschehnissen klar zu kommen,
hat ihnen das Schicksal schließlich
einen geliebten Menschen genommen.

Jedes Holzkreuz erzählt seine eigene Geschichte,
mancher Unfall beschäftigt Monate danach noch die Gerichte.

Holzkreuze am Unfallort, ein Ort der Trauer,
kaum jemand, der Auto fährt, denkt daran,
der Tod könnte liegen auf der Lauer.

Holzkreuze, oft über Jahre gehegt
und von den Angehörigen liebevoll gepflegt.

Holzkreuze, ich fahre nie gedankenlos daran vorbei,
was hier wohl passiert ist, ist mir nicht einerlei.

Holzkreuze, sie berühren mich auf eine ganz besondere Art,
mit vielen Gedanken im Kopf setze ich fort meine Fahrt.

Holzkreuze,
sie ermahnen mich auch immer wieder zur Vorsicht,
es ist als ob eine mahnende Stimme zu mir spricht.

Holzkreuze am Straßenrand,
ich hoffe immer, es steht nie eines für jemanden,
den auch ich habe gekannt.

Holzkreuze am Straßenrand,
würde mir wünschen, es kommt nie mehr eines dazu,
viel zu viel Verunglückte befinden sich schon in ewiger Ruh.

Holzkreuze,
ich hoffe, für andere haben sie die selbe Wirkung wie auf mich,
man sollte im Straßenverkehr nie nur denken an sich.

Holzkreuze am Straßenrand,
es wird sie leider immer wieder geben,
und doch muss es immer irgendwie weitergehen im Leben.

Er wollte Blumen streuen

Ein kleiner, fröhlicher Junge, grad mal sieben Jahre alt,
liebte es zu streifen durch Forst und Wald.

Er wurde geliebt von jedermann,
wusste, wie er sich in die Herzen schleichen kann.

Ein Junge, wie so viele andre auch,
er lachte, wenn man ihn kitzelte an seinem Bauch.

Durch Arbeitslosigkeit der Eltern
zwar nicht viel Geld im Haus,
doch das machte der Familie nicht viel aus.

Sie brauchten für ihr Glück nicht viel,
die Gemeinsamkeit war ihr großes Ziel.

Es war ein grauer Regentag als die schlimme Nachricht kam,
die der Familie den Atem nahm.

Der kleine Junge so schwer krank,
die Nerven aller lagen nur noch blank.

Ein Tumor an der Lunge und am Herz
bereitete dem armen Kind den großen Schmerz.

Die Mutter verzweifelt an seinem Bette saß,
das Kind hatte verloren am Leben seinen Spaß.

Irgendwann auch die letzte Hoffnung ging,
das Leben nur noch am seidenen Faden hing.

Jeder wusste, es gibt keine Hoffnung mehr,
da fragte ihn die Mutter: „Was wünschst du dir so sehr?"

Da sagte er:
„Ich möchte Blumen streuen, wenn du zur Hochzeit gehst
und mit Papi vor dem Altar dann stehst.

Es wird für mich das Schönste sein,
wenn du ihm das Ja-Wort gibst
und den Papi für immer liebst.

Ich möchte gelbe Rosen für euch streuen,
weiß, ihr werdet euch dann freuen."

Doch die Eltern für die Hochzeit hatten kein Geld,
es brach erneut zusammen eine Welt.

Doch als die Menschen vom Schicksal erfuhren,
kam durch Spenden Geld herein,
das brachte der Familie wieder Sonnenschein.

Die Mutter kaufte sich das schönste Kleid,
an einem sonnigen Tag im April war es dann so weit.

Die Eltern standen vor dem Traualtar
und für den Jungen wurde sein Traum nun wahr.

Voller Freude er seine gelben Rosen warf,
es war sein größtes Glück, dass er das darf.

Hat die Mami in ihrem weißen Kleid als Engel gesehen,
mit dem er irgendwann wird ins Regenbogenland dann gehen.

Er sagte: „Ich wünsch mir, dass ihr immer zusammen bleibt,
ich bin jetzt dann für meinen Weg bereit."

Sein Herz hörte auf zu schlagen
nur vier Monate nach der Eltern Hochzeit,
Abschied nehmen hieß es nun, es war so weit.

Bis zum letzten Atemzug die Eltern saßen bei ihm,
nun tragen sie ihn für immer in ihrem Herzen drin.

Sein Sarg mit vielen gelben Rosen geschmückt,
er sieht's vom Himmel aus und ist entzückt.

Alle Menschen, die zum Abschied sind gekommen,
hatten eine Rose in die Hand genommen.

Schickten ihm damit einen letzten Gruß,
wussten, dass er nun nicht mehr leiden muss.

Seine Eltern hatten ihm den größten Wunsch erfüllt,
als er starb, trug er in seinem Herzen dieses Bild.

Weiß, seine Eltern werden sich für immer lieben,
lassen sich vom Schicksal nicht unterkriegen.

Jedes Jahr zum Hochzeitstag
bringen sie ihrem Jungen gelbe Rosen auf das Grab.

Er wacht nun als Engel über ihre Liebe,
die gepflanzten Rosen auf seinem Grab
haben die schönsten Triebe.

Sein größter Wunsch, er wollte doch nur Blumen streuen,
seine Eltern werden ihren Schritt nie bereuen.

Der kleine Junge hat seinen Frieden nun gefunden,
die Eltern die Trauer beim Anblick von gelben Rosen
etwas überwunden.

Ein kleiner Junge, der gelbe Rosen streute,
ist damit immer im Herzen aller Leute.

Natur

Der Wind, der sanft mit den Blättern spielt
und uns an heißen Sommertagen kühlt.

Die Sonne, sie spendet und Wärme und Licht,
wenn sie ungünstig steht, nimmt sie uns auch mal die Sicht.

Der Mond erleuchtet uns die Nacht,
hält beschützend seine Wacht.

Die Sterne, die seine Helfer sind,
Sternschnuppen erfreuen so manches Kind.

Die Wolken, meist nicht so beliebt, sie bringen oft Regen,
doch genau der ist für die Natur ein Segen.

Die Regentropfen, mal leise mal laut,
das Geräusch des Plätscherns, so vertraut.

Nebelschwaden, die sich übers ganze Land legen,
manchmal auch verbunden mit Regen.

Im Winter dann Schnee und Eis
tauchen die ganze Landschaft in herrliches Weiß.

Väterchen Frost, der alles in die Starre bringt
und sein Lied vom Winter beharrlich singt.

Der Bach, der unverdrossen weiter fließt,
dem auch die Kälte die Laune nicht vermiest.

Das Gras, das mit saftigem Grün zum Verweilen einlädt,
schön feucht, frühmorgens und wenn es abends ist spät.

Der Morgentau, der die Pflanzen benetzt
und sie damit in Entzücken versetzt.

Die Blumen, die ihre Köpfchen weit nach oben strecken
und sich freuen, wenn die Bienen an ihnen saugen und lecken.

Die Bäume, weit strecken sie ihre Arme aus,
so mächtig,
dass an manchen Stellen am Boden kommen die Wurzeln raus.

Die Vögel, die ihr Zuhause dort drin dann finden
und sich mit dem Bau eines Nestes abschinden.

Dazwischen Bienen, Wespen, Hummeln,
es ist ein emsiges Summen und Brummeln.

Am Boden Käfer, Würmer, Schnecken,
es gibt in der Natur ja so vieles zu entdecken.

Der See, für so viele Tiere und Pflanzen ein Zuhause,
lädt ein zum Verweilen und zu machen eine Pause.

Die Natur, sie lockt mit ihrer unglaublichen Vielfalt,
es gibt so viel zu entdecken, sei's nun warm oder kalt.

Die Natur, sie ist kostbarer als ein Edelstein,
bedenke stets, du bist mit ihr nicht allein.

Öffne immer deine Augen für sie,
doch verschandle und misshandle sie nie!

Die Natur, sie schenkt uns Geborgenheit,
möge sie uns erhalten bleiben für alle Ewigkeit.

Schau nach innen

Täglich hetzt du durch das Leben,
hast das Gefühl, immer nur zu geben.

Lässt dich treiben von der Zeit,
fragst dich, was hält der morgige Tag bereit.

Termine, Tag aus, Tag ein,
manchmal denkst du, das kann nicht sein.

Fühlst dich wie ein Hamster in seinem Rad,
dass du so wenig Freizeit hast, findest du schad.

Der Körper, irgendwann am rebellieren,
wenn du jetzt nicht aufpasst, ist was am passieren.

Dir ist klar, es muss dringend was geschehen,
denn so kann es einfach nicht weitergehen.

Was nutzen Reichtum und das Geld,
wenn man dafür ist zu kurz auf dieser Welt.

Was hast du davon,
wenn du mit deinem großen Auto am protzen bist
und dafür das Wesentliche im Leben vergisst.

Was hast du von deinem großen Haus,
wenn man dich mit einem Herzinfarkt dort trägt raus.

Ist es so wichtig,
dass andere sagen, was hast du für tolle Kleidung an,
glaubst du, dass man dich ohne all das nicht lieben kann?

Glaubst du, es ist so wichtig, was du alles hast,
hast du Angst, dass du im Leben was verpasst?

Wenn du so weiter machst, verpasst du, dich selber zu sehen,
nimm dir die Zeit, einmal in dich zu gehen.

Horch in dich hinein,
was soll eigentlich deine Lebensaufgabe sein?

Ist es wirklich dieses Streben nach Geld
oder gibt es noch viel Schöneres auf dieser Welt?

Ist es vielleicht nicht wichtiger, nach der Liebe zu streben,
sie zu empfangen und auch zu geben?

Sie hilft dir, nimmt dich sanft an der Hand,
du hast es in deiner Umtriebigkeit noch gar nicht erkannt.

Halte inne, zwing dich zur Ruh,
mach einfach mal deine Augen zu.

Horch tief in dich hinein,
dann wirst du spüren, du bist nicht allein.

Die göttliche Liebe ruht in dir,
sie ist immer hier.

Du musst nur lernen, sie wieder zu spüren,
lass dich von ihr an der Hand nehmen und führen.

Du musst dich nicht durchs Leben treiben lassen,
ruhe in dir, du musst nur den Mut dazu fassen.

Hab Vertrauen in die Göttlichkeit,
du wirst sehen, dann macht sich Ruhe in dir breit.

Zum Ursprung deiner Wurzeln finde zurück,
auch wenn es nur langsam geht, Stück für Stück.

Wenn du Vertrauen hast, für den Weg, den man dir zeigt,
hält das Leben noch viel Größeres als bisher für dich bereit.

Lass dich fallen, du wirst aufgefangen,
dir braucht es vor nichts zu bangen.

Erkenne, dass es in diesem Leben nur um dich alleine geht,
wache auf aus dem materialistischen Denken,
bevor es ist zu spät.

All das ist doch nur außen herum,
lass dich davon nicht blenden, sei nicht dumm.

Ohne all das bist du immer noch du,
sei bereit, um zu finden deine innere Ruh.

Vergiss, was man von dir erwartet, sei einfach nur du selber,
nehme dir ruhig die Zeit
und streif mal wieder allein durch die Wälder.

Komm wieder in Einklang mit Mutter Natur,
dann wirst du spüren deren Energie ganz pur.

Du bist ein winziger Teil dieser Welt,
doch die göttliche Liebe ist größer als das Himmelszelt.

Sie gibt dir ihre Hand, lässt dich nie mehr los,
bist eingebettet in ihrem Schoß.

So beginne nun dein neues Leben,
in dem du bist nicht nach Materiellem,
sondern nach Liebe am streben.

Komm, trau dich, hab den Mut,
du wirst sehen, am Ende wird alles gut.

Wage den Neubeginn,
mit göttlicher Kraft in dir kriegst du das hin.

Streif ab das alte Kleid,
sei zu neuen Dingen bereit.

Das Leben hält noch so viel für dich bereit,
hab Vertrauen, es ist für dich so weit.

Gehe den neuen Weg mit dem Wissen, ich bin ich,
sei sicher, Gott lässt dich niemals im Stich!

Wahre Freunde siehst du in der Not

Für eine heiße Affäre wollte er sie kennenlernen,
keiner ahnte,
dass sie würde werden für ihn wie ein Griff nach den Sternen.

In einigen Mails stellte er sich bei ihr vor,
hoffte zu finden für sein Anliegen ein offenes Ohr.

Seine eigene Ehefrau hatte den Reiz verloren,
deshalb hatte er sie als Geliebte auserkoren.

Wollte mit ihr seine ganzen Wünsche ausleben,
wollte ihr sexuell alles geben.

Hatte die schönsten Pläne mit ihr,
wünschte sich, sie wäre hier.

Er warb mit Hartnäckigkeit um sie,
ob sie darauf eingehen würde, wusste er nie.

Klug, wie sie war, ließ sie diese Antwort stets offen,
dennoch war er optimistisch und am hoffen.

Sie sagte ihm,
dass sie ihm wohl nur eine gute Freundin sein kann,
weil ihr Herz gehört längst einem anderen Mann.

Sie könne sich nicht vorstellen, diesen zu betrügen,
werde ihren Liebsten nie belügen.

Kurzzeitig wollte er die Sache dann doch sein lassen,
machte für ihn ja keinen Sinn,
wenn er sie nicht kriegte zu fassen.

Doch etwas in ihren Mails hatte ihn berührt,
er hatte ihre Wärme und Freundlichkeit gespürt.

„Wir bleiben in Kontakt", schrieb er zurück,
„dann werden wir schon sehen wie es weiter geht,
Stück für Stück."

Für sie war das so erst mal auch okay,
er jubelte innerlich „juche".

Die beiden sich nun fast täglich schrieben,
doch es ging nicht mehr um das Thema,
ob man wird sich lieben.

Sie fanden zueinander einen guten Draht
und fanden es miteinander gar nicht fad.

Eines Tages er ihr sagte,
dass er für zwei Wochen verreisen muss,
doch deswegen sei nun nicht Schluss.

Er wollte sich wieder melden, sobald er kann,
sie freute sich darüber, fand sie ihn ja nett, diesen Mann.

Zwischendurch in den zwei Wochen
er immer mal wieder eine kurze Nachricht schrieb,
in der er bekundete, dass er sie habe sehr lieb.

Nach den zwei Wochen das Mail dann kam,
dass ihr beim Lesen fast den Atem nahm.

Er gestand ihr, er wurde an der Prostata operiert,
weil man dort hatte Krebs diagnostiziert.

Man hatte alles vollständig weggemacht,
die letzte Zeit er hatte wenig gelacht.

Doch nun ginge es ihm wieder gut
und er hatte gefasst neuen Mut.

Die Genesung gehe voran Schritt für Schritt,
er würde finden zu neuem Lebensmut zurück.

Als sie das gelesen hatte, spontan sie schrieb:
„Du, ich wünsch dir nur das Beste, ich hab dich lieb.

Ich will dir nun eine ganz besonders gute Freundin sein,
glaub mir, ich lass dich jetzt damit nicht allein.

Mit mir kannst du immer über alles sprechen,
glaub mir, dieses Versprechen werde ich nie brechen.

Ich weiß, wie schwer das nun für dich alles ist,
dass man den Teufel Krebs in sich nie vergisst.

Wann immer du mich brauchst, ich bin da,
auch wenn ich etwas fern bin und nicht ganz nah.

Du kannst auch jederzeit mit mir telefonieren,
du brauchst es, wenn du willst, nur probieren.

Ich werde durch diese schwere Zeit mit dir gehen,
glaub mir, ich lass dich nun nicht alleine stehen."

Als er ihr Mail gelesen hat,
da war er einfach nur platt.

Er hatte so etwas nie für möglich gehalten,
seine Gefühle sind ganz gespalten.

Dass ein fast fremder Mensch für ihn so etwas tut,
unglaublich für ihn, es gibt ihm aber neuen Mut.

„Ursprünglich wollte ich heißen Sex mit dir haben",
schrieb er zurück,
„nun bist du in meiner Situation für mich mein größtes Glück.

Ich danke dir, dass du bist bei mir,
glaub mir, nie vergess ich das dir.

Es tut so gut,
wenn man in dieser Situation nicht alleine da steht
und jemanden hat, der mit einem durch diese Hölle geht."

Er fühlt sich nun bei ihr gut aufgehoben
und nicht um sein ursprüngliches Ansinnen betrogen.

Hat in seiner Not nun einen echten Freund gefunden,
andere Gedanken sind längst verschwunden.

Wahre Freunde wirst du erst sehen,
wenn du selber bist durch die Hölle am gehen.

Wer dir da dann reicht die Hand,
der hat dich als Freund anerkannt.

Mitunter wirst überrascht du dann sein,
wer sich als Freund schleicht in dein Herz hinein.

Doch genau so eine Freundschaft wird halten
fürs ganze Leben,
dieser Mensch wird dir dann alles geben.

Wie ein Griff nach den Sternen war sie für ihn,
gab seinem Leben mit ihrer ehrlichen Freundschaft
wieder neuen Sinn.

Der Straßenmusikant

Das Leben hat es ihm nie leicht gemacht,
wurde von den anderen oft ausgelacht.

Wer wollt schon spielen mit jemandem, der nicht richtig laufen kann,
fand auch nie ein Mädchen als er war ein junger Mann.

Die Not war daheim oft zu Gast,
dennoch hat er sein Leben nie gehasst.

Denn stets war die Musik sein Begleiter,
machte ihn immer froh und heiter.

Sie ließ ihn stets vergessen seine Sorgen,
er dachte immer nur an heut und nie an morgen.

Auf dem Flohmarkt hat er sich gekauft die erste Mundharmonika,
die Liebe zur Musik war bei ihm seit seiner Kindheit da.

Fortan verzauberte er alle mit der schönsten Melodie,
mit seinem Schicksal zu hadern, auf die Idee kam er nie.

Er zog mit seiner Begabung auf die Straße,
es war ihm völlig egal, wenn kalt der Wind blies um die Nase.

Er wollt nur die Menschen mit seiner Mundharmonika betören
und ließ sich durch nichts und niemanden stören.

Es gab Menschen, die wollten ihn gern vertreiben,
doch er war viel zu gutmütig, um mit ihnen zu streiten.

Zog einfach weiter an einen anderen Ort,
einfach nur von der Missgunst fort.

Spielte seine Melodien halt an einem andern Platz,
wusste, seine Begabung war wie ein goldner Schatz.

Immer wieder blieben genug Menschen vor ihm stehen,
waren so verzaubert, dass sie konnten nicht weitergehen.

Niemand störte sich daran,
dass er aussah wie ein armer Bettelmann.

Großzügig warfen sie Geld in seinen Hut,
einer meinte anerkennend: „Der spielt einfach wirklich gut."

Für ihn war es das größte Glück,
wenn er die Menschen verzaubern konnte mit jedem Stück.

Und so zog er immer weiter,
spielte mal traurig und mal heiter.

Hatte sich dem Leben auf der Straße verschrieben,
war seiner Mundharmonika stets treu geblieben.

Eines Winters ihn man dann erfroren auf einer Treppe fand,
mit glücklichem Lächeln
seine geliebte Mundharmonika in der Hand.

Er spielt nun seine Melodien vor dem Himmelstor,
man hört sie auf Erden, wenn immer blitzt die Sonne hervor.

Endstation Parkbank

Eine Parkbank in Frankfurt am Main,
es ist kalt, trotz Sonnenschein.

Eine große Plastiktüte auf dieser Bank,
mit dem Kopf daran ruhend ein Mann,
der aussieht als sei er krank.

An der Jacke, die er trägt, hängt der Dreck,
viele Menschen laufen an ihm vorbei und schauen weg.

Die schmutzigen Schuhe fast ohne Sohlen und durchlöchert,
jemand läuft vorbei und meint:
„Der hat sicher die ganze Nacht durchgebechert.“

Die zotteligen Haare
haben schon lange keinen Friseur mehr gesehen,
der Mann ist dabei, sein Gesicht der Sonne entgegenzudrehen.

Auch im Gesicht Spuren des Lebens auf der Straße,
eine schlecht verheilte Wunde mitten auf der Nase.

Falten, die sich in seine Haut gegraben haben,
wenn man ihn anschaut, stellen sich einem so viele Fragen.

Warum ist es im Leben mit ihm so weit gekommen,
wer hat ihm die Perspektive auf ein besseres Leben genommen?

Ist er selber an seiner Misere Schuld,
hat es ihm gemangelt an Fleiß und Geduld?

Wurde er unschuldig in diesen Sumpf gezogen,
Leben auf der Parkbank, was hat ihn dazu bewogen?

Was ist passiert, dass es so weit gekommen ist,
ob er das normale Leben vielleicht vermisst?

Oder geht es ihm damit vielleicht sogar gut
und er schaut jeden Tag nach vorn voller Mut?

Ist er vielleicht glücklicher als mancher Mensch mit Geld,
ist er etwa der wahre Lebensheld?

So viele Fragen,
die einem bei seinem Anblick unter den Nägeln brennen,
und doch ist jeder nur am vorbeihasten und weiterrennen.

Niemand würde es wagen, ihn einfach anzusprechen
und die Barriere zwischen Arm und Reich einfach zu durchbrechen.

Mit solchen Menschen will man lieber nichts zu tun haben,
hat man doch an seinen eigenen Sorgen genug zu tragen.

Und doch, vielleicht wäre es das Ganze mal wert,
und nur mit einem mal zu reden, gar nicht so verkehrt.

Vielleicht würde es uns
das eigene Leben wieder bewusster machen,
vielleicht könnten wir dann
sogar über vermeintliche Misserfolge lachen.

Vielleicht wären wir danach nicht mehr so getrieben
von Hektik und Geld
und würden sie wieder mit anderen Augen sehen,
unsere Welt.

Endstation Parkbank,
doch vielleicht ist so ein Mensch glücklicher als du und ich,
verloren ist nur der, der nicht mehr glaubt an sich.

Mein Traum

Ich sitz jetzt hier und träume einen Traum,
weit weg von Zeit und Raum.

Ich träum mich in 'ne andre Welt,
in der nur die Liebe zählt.

Ich träum, dass mich ein helles Licht umgibt,
und fühl, da gibt es jemanden, der mich liebt.

Ich träum, dass mir ganz warm wird um das Herz,
so vergesse ich jeden Kummer und Schmerz.

Ich träum, die Liebe nimmt mich an der Hand,
und so geborgen lauf ich durch Stadt und Land.

Ich träum, ich geb den Menschen diese Liebe weiter,
mach sie alle auf dieser Welt froh und heiter.

Ich träum, ich kann Not und Leid verjagen,
ich werd an dieser Aufgabe auch nicht verzagen.

Ich träum,
ich möchte den Menschen das helle Licht auch zeigen,
werd weit den Mantel der Liebe über alle ausbreiten.

Ich träum, dass jeden Menschens Herz
ist befreit von Leid und Schmerz.

Ich träum,
ich kann den Menschen den wahren Wert des Lebens zeigen,
und hoffe, es wird dabei niemand auf der Strecke bleiben.

Ich träum, ich kann alle Menschen glücklich machen,
wünsch mir, jeder schafft es,
wenigstens einmal am Tag zu lachen.

Ich träum, ich kann den Menschen inneren Frieden bereiten
und möglichst viele auf ihrem Weg begleiten.

Ich träum, dass alle Menschen die selben Chancen bekommen,
weiß, dass vielen daran schon lang der Glaube genommen.

Ich träum,
dass die Menschheit sich nicht weiter selbst zerstört,
sondern endlich auf die Stimme des Herzens hört.

Denn tief im Herzen hat jeder die Liebe in sich,
helft alle mit, lasst mich mit meinem Traum nicht im Stich.

Dankbar sein

Dankbar sein für jeden neuen Tag,
egal was er dir auch bringen mag.

Dankbar sein für das Lächeln deiner Kinder,
und wenn du mit dem Auto kommst gut durch den Winter.

Dankbar sein,
wenn du bei deinen kleinen Kindern kannst zu Hause bleiben,
andere müssen arbeiten gehen
und sind sehr darunter am leiden.

Dankbar sein, dass du kannst auf eignen Beinen laufen,
denn Gesundheit, die kann man sich nicht kaufen.

Dankbar sein, dass du im Warmen sitzt,
es gibt Menschen, die werden von niemandem unterstützt.

Dankbar sein, dass du hast genug zum Essen,
wie es ist zu hungern, hat man doch längst vergessen.

Dankbar sein, dass du genug Geld hast, dir was zu kaufen,
andere müssen in kaputten Sachen durch die Gegend laufen.

Dankbar sein, dass deine Familie ist gesund,
es gibt andre, die leiden müssen wie ein armer Hund.

Dankbar sein, dass du eine gute Arbeit hast,
es gibt Menschen, die haben diese Chance längst verpasst.

Dankbar sein, dass du mit deinen Problemen nicht alleine bist,
andere Menschen haben oft jegliche Hilfe vermisst.

Dankbar sein, dass es Menschen gibt, die zu dir stehen,
andere wissen oft nicht, wohin sollen sie gehen.

Dankbar sein, dass es Menschen gibt, die dich lieben,
es gibt Leute, die haben sich ganz ihrem Hass verschrieben.

Dankbar sein, auch für die Fehler, die dir passieren,
du kannst nur lernen, tust du sie wieder korrigieren.

Dankbar sein für das Glück, dass du im Leben hast,
es gibt Menschen, die haben es immer wieder verpasst.

Dankbar sein, dass Gott steht auch dir zur Seite,
erinnere dich stets dran, dass nur er dich leite.

Das letzte Gebet

Eine alte Frau liegt im Bett, ihr Atem geht schwer,
jemand flüstert: „Holt am besten den Pfarrer hierher."

Auf ihrer Stirn ein Hauch von Schweiß,
ihre Gesichtsfarbe ist richtig weiß.

Ihre Liebsten sind nah bei ihr,
sie flüstert: „Ist mein Sohn aus den USA auch schon hier?"

„Nein, Mama, das Flugzeug ist noch nicht gekommen",
die alte Frau erkennt ihre Tochter nur ganz verschwommen.

„Ach, hoffentlich wird er noch rechtzeitig kommen,
ich hab schon den Ruf Gottes vernommen."

„Mama, halte durch, wir werden alle bei dir sein,
wir lassen dich in der Stunde des Todes nicht allein."

„Kind, ich spüre, meine Kraft geht zu Ende,
Gott reicht mir bereits seine Hände."

„Komm, Mama, wir sprechen nun ein Gebet,
wirst sehen, dein Junge kommt nicht zu spät.

Gott wird dir deinen Sohn noch rechtzeitig schicken."
Die Frau antwortet mit schwachem Nicken.

Kaum hörbar beginnt sie zu sprechen,
ihre Stimme ist dabei immer wieder am brechen.

„Gegrüsset seist du, Maria, voll der Gnade,
der Herr ist mit dir“,
sie unterbricht sich und fragt: „Ist mein Sohn endlich hier?“

„Du bist gebenedeit unter den Frauen,
mein Sohn wird noch rechtzeitig kommen,
ich konnte immer auf ihn bauen.“

Immer wieder unterbricht sie ihr Gebet,
nicht nur sie hofft, dass ihr Sohn nicht kommt zu spät.

„Bitte für uns Sünder jetzt und in der Stunde unseres Todes,
Amen.
Ach lieber Gott, gib mir noch genug Zeit,
hab doch Erbarmen.

Noch einmal will ich meinen Jungen wiedersehen,
ich kann doch so nicht von dieser Erde gehen.“

Sie spricht zu ihrer Tochter:
„Ich kann das helle Licht schon sehen“,
da hören sie ein Geräusch an der Türe
und sie sieht ihren Sohn dort stehen.

Er eilt an ihr Bett, nimmt ihre faltige Hand,
„mein Junge, ich hätte dich beinah nicht mehr erkannt.“

Ein Lächeln gleitet über ihr runzliges Gesicht,
aus ihren glanzlosen Augen plötzlich die wahre Freude spricht.

Es ist, als käme ein Hauch Leben in sie zurück,
er ist noch rechtzeitig gekommen,
dies ist in der Stunde des Todes ihr größtes Glück.

Mit zittriger Hand streicht sie über sein Haar,
ihre Stimme ist nun erstaunlich klar.

„Mein Sohn, ich wünsche dir für dein Leben viel Glück,
schau immer nach vorne und nie zurück.

Ich danke dir, dass du gekommen bist,
was habe ich dich all die Jahre doch so vermisst.

Ich bin so unendlich stolz auf dich,
doch jetzt muss verabschieden ich mich.

Kommt her, meine lieben Kinder, alle zwei an der Zahl,
das Leben war nicht immer einfach,
so manches Mal eine Qual.

Doch jetzt habe ich meinen Frieden gefunden,
auch die Schmerzen überwunden.

Seid nicht traurig, wenn ich nun gehe
und mich auch nicht mehr nach euch umdrehe.

Das helle Licht, es zieht mich wie magisch an,
es nimmt mich ganz in seinen Bann."

Glücklich schaut sie ein letztes Mal ihre beiden Kinder an,
ihre Tochter und ihren Sohn,
der geworden ist ein richtiger Mann.

Gesprochen hat sie ihr letztes Gebet,
ihre Bitte wurde erhört, ihr Sohn kam doch nicht zu spät.

Erloschen ist das Lebenslicht aus ihren Augen,
mit sich im Frieden, eingebettet in ihrem tiefen Glauben.

Sie lässt zwei wunderbare Kinder zurück,
waren sie zu Lebzeiten ihr größtes Glück.

Lebensspende

Als der kleine Junge geboren wurde,
war er für seine Eltern der Sonnenschein,
sie schworen an seinem Bettchen:
„Kind, wir lassen dich nie allein."

Die ersten drei Jahre für alle voller Glück,
wuchs der Junge heran, Stück für Stück.

Sein Lachen erfreute aller Herzen,
doch dann begann die Zeit der Schmerzen.

Mit Müdigkeit fing alles an,
nach der Diagnose wurde den Eltern bang.

Leukämie, so lautete das schreckliche Wort,
die Eltern flehten zu Gott: „Nimm unseren Sohn nicht fort.

Du hast uns doch geschickt dieses wunderbare Kind,
jetzt helfe uns bitte ganz geschwind."

Für den Kleinen im Krankenhaus nun begann die Qual,
doch es gab leider keine andere Wahl.

Unzählige Untersuchungen und Therapien,
er hat oft vor Angst und Schmerzen geschrien.

Konnte das, was um ihn herum geschah, kaum verstehen,
wollte doch nur mit seiner Mama wieder nach Hause gehen.

Wollte spielen und toben wie andere Kinder,
doch dazu war er viel zu schwach,
längst hielt Einzug der Winter.

Tapfer führte er den qualvollen Kampf,
mehr als einmal lag er in einem Fieberkrampf.

Die Eltern verzweifelt und hilflos,
fragten sich täglich, was machen wir bloß?

Die Ärzte machten ihnen klar,
helfen kann nur noch eine Knochenmarkspende,
sie allein kann bringen die große Wende.

Ohne diese ist ihr Sohn verloren,
zum qualvollen Sterben auserkoren.

Sofort ließen die Eltern alle Tests über sich ergehen,
wollten doch das grausame Schicksal
von sich und dem Kinde drehen.

Doch für die Spende war geeignet keiner der beiden,
und so ging es weiter mit dem Leiden.

Der kleine Junge immer wieder ins Koma fiel,
schnell einen geeigneten Spender zu finden, war nun das Ziel.

Die Ärzte unternahmen einfach alles,
sogar die Zeitungen und das Fernsehen nahmen sich an des Falles.

Überall wurden verzweifelte Aufrufe gestartet,
täglich haben die Eltern auf den erlösenden Anruf gewartet.

Dass man endlich einen Spender findet,
mit jedem Tag die Hoffnung immer mehr schwindet.

Ein Schatten seiner, das kleine Kind,
nun muss es wirklich gehen ganz geschwind.

Irgendwo, hunderte Kilometer weiter,
eine junge Frau, nach oben strebend auf der Karriereleiter,

erfuhr vom Schicksal der Familie im Fernsehen,
war danach sofort dabei, zum Arzt zu gehen.

Wollte sich für den kleinen Jungen testen lassen,
als der Anruf kam, sie sei die geeignete Spenderin,
konnte sie es kaum fassen.

Doch sie zögerte keinen Augenblick,
wollte dem Jungen schenken sein Leben und neues Glück.

So willigte sie sofort in die Spende ein,
sagte:
„Ich lass das Kind und seine Eltern in der Not nicht allein."

Für den Jungen war es höchste Zeit,
als endlich das Knochenmark stand für ihn bereit.

Noch einmal begann eine Zeit des Bangens und Wartens,
doch dann endlich hatte das Schicksal gut gemischt die Karten.

Ohne zu Zögern hatte die junge Frau dem Kind
ein neues Leben geschenkt,
Gott gerade noch rechtzeitig das Schicksal
in die richtigen Bahnen gelenkt.

Mit jedem neuen Tag kam der Junge ins Leben zurück,
auch wenn es langsam ging, Stück für Stück.

Nun kehrte das Glück wieder ein,
die Eltern hatten ihn zurück, ihren kleinen Sonnenschein.

Waren der Spenderin gegenüber voller Dankbarkeit,
der Junge endlich geheilt,
ein jeder freute sich über seine Gesundheit.

Sie verdanken das Leben ihres Kindes einer fremden Frau,
das zu schätzen, wissen sie nur zu genau.

So sollte ein jeder auch an andere Menschen denken,
denn oft genug könnte man so manchem
ein neues Leben schenken.

Meist bedarf es gar nicht viel, nur ein bisschen Mut,
dass beim anderen wieder wird alles gut.

Gibt es etwas Größeres,
einem anderen Menschen ein neues Leben zu schenken?
Es lohnt sich, hierüber doch mal nachzudenken!

Stammzellspende

Grad mal 37 Jahre alt, ein Leben voller Hoffnung,
eine junge Frau, die durchs Leben geht voller Schwung.

Sie hat einen guten Job und ist beliebt,
doch dann sie eine schlimme Krankheit kriegt.

Non-Hodgkin-Lymphom nennt sich die
und zwingt sie unbarmherzig in die Knie.

Eine Krebserkrankung, welche die Lymphozyten betrifft,
für den gesamten Körper das reinste Gift.

Es kann jedes Organ betroffen sein,
helfen kann der Frau eine Stammzellspende allein.

Sie ist geschwächt von Chemotherapie und Schmerzen,
es gibt viele Menschen, die tragen sie tief im Herzen.

Sie wollen ihr helfen, können sie nicht leiden sehen,
wollen auch in dieser schlimmen Zeit zu ihr stehen.

Jeder hofft, es wird bald ein geeigneter Spender gefunden,
damit sie die schlimme Krankheit schnell hat überwunden.

Doch die Zeit rinnt unbarmherzig davon,
tägliches Warten am Telefon,
dass bald kommt der erlösende Ton.

Die Kollegen überlegen, wie man ihr noch helfen kann,
ob man nicht aufruft zur Typisierung jedermann.

Es werden Plakate mit dem Aufruf gedruckt und aufgehängt,
an Kosten und Mühen man sich nichts schenkt.

Alles wird organisiert und endlich ist es dann so weit,
viele Menschen stehen in einer langen Warteschlange
zur Blutentnahme bereit.

Es sind Menschen, die sie kennen und welche,
die nur aus der Zeitung vom Schicksal erfahren haben,
sie alle warten geduldig
und stellen den anwesenden Ärzten viele Fragen.

Der Frau selber geht es schon so schlecht,
dass sie selbst nicht anwesend sein kann,
doch sie schickt mit einem herzlichen Dankesgruß
an all die Leute ihren Mann.

Allen ist klar,
die Chance, hier einen geeigneten Spender zu finden,
ist sehr klein,
doch irgendwo auf dieser Welt wird vielleicht ein anderer
Mensch für diese Aktion dankbar sein.

So viele Kranke auf dieser Welt
warten dringend auf eine Spende,
hoffen so sehr auf eine positive Wende.

Für die junge Frau wurde
durch diese Aktion zwar kein Spender gefunden,
und doch ist die Hoffnung bei allen
längst nicht verschwunden.

Irgendwo auf dieser Welt gibt es den geeigneten Menschen.
Vielleicht bist es genau du,
deshalb mach deine Augen vor diesem
und auch anderen Schicksalen nicht zu.

Vielleicht kann genau deine Spende ein Leben retten,
mach nicht den Fehler,
dich in die Sicherheit deiner eigenen Gesundheit zu betten.

Von heut auf morgen kannst auch du der Hilfesuchende sein,
und stell dir vor, dann würde man dich lassen ganz allein.

Lass deshalb den Aufruf
zu einer Typisierung nie ungehört verhallen,
denn vielleicht lässt du sonst damit ein Menschenleben fallen.

Denk daran: Gesundheit kann man sich nicht kaufen mit Geld,
aber vielleicht braucht gerade dich irgendwo ein Mensch
auf dieser Welt.

Unsichtbarer Tod

Strahlender Sonnenschein und ein herrlich weißer Sandstrand,
dort ist es so ruhig, als wäre er gar nicht bekannt.

Leises Plätschern der Wellen vom Meer,
doch weit und breit kein Mensch, alles leer.

Das warme Wasser lädt zum Baden ein,
doch lauter Schilder, hier darf man nicht rein.

Weiter hinten wiegen sich ein paar Palmen im Wind,
doch nirgends ertönt das Lachen von einem Kind.

Dort drüben, Straßen und Gassen,
doch auch hier alles verwaist, man kann es kaum fassen.

An einem Straßencafé einladend Tische und Stühle stehen,
weiter vorne eine Reklame,
wollen sie heut mal am Glücksrad drehen.

In einem Restaurant wird das Menü des Tages
an einer Tafel angepriesen,
gleichzeitig wird überall auf Schildern
auf eine unsichtbare Gefahr hingewiesen.

Autos am Straßenrand scheinbar hastig einfach abgestellt,
nicht mal irgendwo ein Hund der bellt.

Vor einem Haus flattert noch die Wäsche im sanften Wind,
am Boden eine Zeitung mit der Schlagzeile
„verlassen sie die Gegend, am besten geschwind".

An einem Bordell das Schild „open" blinkt,
ein Stück weiter es fürchterlich aus Mülltonnen
nach Abfall stinkt.

Ein Supermarkt, dessen Türen einladend geöffnet sind,
doch innen sind die Glasregale vor Dreck ganz blind.

Verdorbene Ware verbreitet einen bestialischen Gestank,
allein der Anblick macht einen bereits krank.

Draußen als Kontrast frisch erblühte Bäume,
da möchte man versinken in schöne Träume.

Doch in dieser Gegend hat es sich für immer ausgeträumt,
hier wird wahrscheinlich nicht mal eines Tages aufgeräumt.

Im Hintergrund ist ein zerstörtes Atomkraftwerk zu sehen,
die Zeit lässt sich nie mehr zurückdrehen.

Durch ein Erdbeben wurde es vernichtet,
schnell haben sich Gerüchte
um eine atomare Katastrophe verdichtet.

Zuerst wird erklärt, man hat die Kernschmelze im Griff,
doch bald muss man erkennen, dass man sich befindet auf einem sinkenden Schiff.

Die Strahlenbelastung klettert mit jedem Tag,
an ein Wunder kaum noch jemand glauben mag.

Erst wird nur ein kleiner Bereich evakuiert,
doch schnell muss man erkennen,
hier ist etwas Großes passiert.

Etwas,
was mit normalem Menschenverstand kaum noch greifbar ist,
etwas,
was Mutter Erde mit seinen Menschen nie mehr vergisst.

Der Wind verteilt den unsichtbaren Tod in der Luft,
mit jeder neuen Explosion im Kraftwerk
die letzte Hoffnung verpufft.

Selbst das Meer
bleibt von verseuchtem Wasser nicht verschont,
alles nicht so schlimm,
wird anfangs in den Zeitungen noch betont.

Doch die Messungen der Radioaktivität sagen das Gegenteil,
es werden weitere Evakuierungen vorbereitet derweil.

Tausende Menschen verlieren ihr Zuhause,
während im Kraftwerk die Menschen arbeiten ohne Pause.

Verzweifelt wird versucht,
die freiliegenden Brennstäbe zu kühlen,
der Tod steht direkt vor ihnen,
doch sie können ihn weder sehen noch fühlen.

Die ganze Gegend ist kontaminiert,
keiner hätte je geglaubt, dass so etwas mal passiert.

Es ist zu spät, hier ist jedes Leben für immer zerstört,
keiner hat auf Warnungen von Experten gehört.

Nach außen eine Gegend voller Idylle,
dass dies täuscht, davon zeugt die gespenstische Stille.

Die Menschen dürfen nicht mal mehr ihre Häuser betreten,
jedes Leben ist hier ausgelöscht, da hilft auch kein Beten.

Der unsichtbare Tod
hat sich auf diese Gegend und ihre Bewohner gelegt,
doch für eine Umkehr ist es jetzt zu spät.

Viele Generationen werden davon noch betroffen sein,
da ist der Mensch plötzlich machtlos und winzigklein.

Radioaktive Strahlen, man kann sie weder sehen noch hören,
doch sie haben die Macht, jedes Leben zu zerstören.

Darum achtet darauf, wie ihr mit Mutter Erde umgeht,
denn irgendwann ist es für jegliche Reue zu spät.

Hör die Stille

Halt inne, dann kannst du die Stille hören,
lass dich jetzt durch nichts stören.

Die Stille kann man nicht hören, das glaubst du?
Nein, nein, setz dich einfach hin und mach die Augen zu.

Wie ein Gewand streife die Hektik des Alltages ab
und denk jetzt nicht, für so was sei die Zeit zu knapp.

Vergiss, dass es an der Uhr einen Zeiger gibt,
erinnere dich wieder daran,
dass irgendjemand dich sicher liebt.

Denk nicht mehr daran, was noch alles erledigt werden muss,
nimm dir einfach Zeit und sag, für heute ist mal Schluss.

Setz dich hin und hör in dich hinein,
du wirst merken, wie dein Herz ist ganz rein.

Die Stille, sie hat dir viel zu sagen,
ja, ihr kannst sogar dein Leid du klagen.

Lass es zu, dass die Stille dir etwas vermitteln will,
lass sie wirken, sei einfach mal ganz still.

Hab keine Angst, sie fängt dich auf,
trägt dich bis hoch in den Himmel rauf.

Du bist jetzt befreit von jeder Last,
fernab von des Lebens Hast.

Hörst du, wie die Stille leise mit dir spricht,
sie sagt: „Renn so blind durchs Leben nicht!"

Für das Wesentliche öffne deine Augen,
dann wirst auch du wieder an Wunder glauben.

Sie fängt dich auf, hält dich in ihrem Arm,
du fühlst dich geborgen und so wunderbar warm.

Sie trägt dich über die Hindernisse des Lebens,
Stress und Hektik suchst du bei ihr vergebens.

Die Stimme der Stille, widme ihr dein Ohr,
du wirst sehen, dann kommt dir dein Leben wieder leichter vor.

Nimm dir jeden Tag Zeit, die Stille zu genießen,
lass dir durch nichts diese kostbaren Minuten vermiesen.

Die Stille, trag sie stets in deinem Herzen,
und du wirst befreit, von allen Schmerzen.

Die Stille, sie sollte einen Platz in deinem Leben haben,
lass sie einfach zu und stell keine Fragen.

Die Stille, hab keine Angst vor ihr,
denn sie meint es immer nur gut mit dir.

Drum setz dich jetzt einfach hin und genieß die Stille,
glaub mir, du hast es verdient, so ist auch Gottes Wille.

Kapitel IV

Heiteres

Auf dem Amt

Auf mein Grundstück möchte ich mir eine Garage bauen,
doch so ganz bin ich mich da nicht am trauen.

Also lieber auf dem Amt mal nachgefragt,
nicht dass hinterher ein Nachbar klagt.

Zum Amt gehe ich also mit meinem Vorhaben,
will mich informieren und mich dann an die Arbeit wagen.

Tue mich schon schwer, den Zuständigen zu finden,
als ich die Infotafeln studiere,
ist meine Hoffnung am schwinden.

Wo soll ich denn nun eigentlich hin,
mit dem was ich habe im Sinn?

Endlich find ich „Bauamt" angeschrieben,
gleich im 1. Stock auf Zimmer 7.

Klopfe todesmutig an,
frage, ob ich reinkommen kann.

Wie mir scheint nach einer Ewigkeit,
ist da drinnen jemand bereit.

Denn ein müdes „Herein" ich hör,
kommt mir fast vor, als ob ich stör.

Trete also zaghaft ein,
mir ist, als hörte ich es brummeln:
„Auch das noch, ich wollt grad heim."

Trage trotzdem mein Anliegen vor ohne Zaudern,
hoffe sehr, der Mensch wird nun nett mit mir plaudern.

„Da müssen sie einen Bauantrag stellen",
brummelt man mich an,
ich sag freundlich:
„Ja, deshalb komm ich ja, weil ich das nicht wissen kann."

Will wissen, was ich sonst noch alles beachten muss,
hab das Gefühl, der Mann würde gerne machen Schluss.

Er packt seine Stifte in die Schublade ein
und macht irgendwie den eh ziemlich leeren Schreibtisch rein.

Schaut mich ungehalten an,
als ich meine Fragerei nicht lassen kann.

Doch will mich ja über den Abstand zum Nachbarn informieren,
nicht dass ich am Ende muss alles abmontieren.

Er erzählt gelangweilt was von drei Meter,
doch genauso etwas von neun und fünfzehn Meter
dann später.

Er redet von einer Grundstücksgrenze
und insgesamt den Grenzen,
hab das Gefühl, nun kann ich ihn doch nicht mehr bremsen.

Er erzählt etwas von einer oberirdischen Garage
mit nicht mehr als 50 m² Grundfläche,
als ich Luft hole und nachfragen will,
sagt er: „Ruhe, ich nun spreche!"

Dann irgendwas von genehmigungsfrei
nach Paragraph soundso,
mir schlägt das alles auf die Blase, ich muss aufs Klo.

Er drückt mir nun einen Stapel Papier in die Hand,
meint, da stehen drin die ganzen Regeln,
die herrschen hier in unserem Land.

„Am besten, sie lesen das alles ganz genau,
dann sind sie hinterher sicher schlau.

Hier haben sie noch einen Antrag für diese und jene
Genehmigung."
Ich schau ihn nun an, ganz dumm.

Dann noch einen Antrag für den Antrag
und zum anderen Antrag in die Hand gedrückt,
ich fühl mich nun sehr gut bestückt.

Das Paket in meiner Hand wird immer dicker,
ich fang an zu überlegen,
ob mein Grundstück ohne Garage wäre nicht schicker.

Nun verweist er mich auch noch an einen Kollegen,
der wird mir dann noch einen anderen Antrag geben.

Der nämlich auch sehr wichtig ist,
dass man nur ja nicht was vergisst.

Werde aufgeklärt, dass das alles auch dauert seine Zeit,
und dass es mit der Bauerei nicht so schnell ist so weit.

So ein halbes Jahr müsse ich schon einkalkulieren,
ich bin jetzt fast so weit, meine Pläne einzufrieren.

Schleiche wie erschlagen nun noch zum Herrn Kollegen,
der mir mit einem weiteren Stapel Anträge
schwer macht das Leben.

Krieg nun noch was über die notwendigen Unterlagen
für den Bauantrag erzählt,
lächle mittlerweile nur noch gequält.

Flurkarte, Bauzeichnung, Lageplan,
frag mich langsam, wo ich das alles herkriegen kann.

Na, er mir da auch nicht weiterhelfen kann,
dafür ist wieder zuständig ein andrer Mann.

Er schickt mich ein paar Zimmer weiter,
na, das wird ja langsam heiter.

Die Unterlagen schwer in meiner Hand,
denk ich mir, ich hab wohl die Anforderungen total verkannt.

Geh auch aus dem nächsten Zimmer
mit einem Stapel Anträgen raus,
empfinde für mein Vorhaben langsam nur noch Graus.

Geh nun schwer beladen heim,
frag mich ernsthaft, muss das mit der Garage wirklich sein.

Schau daheim erst die Anträge, dann mein Auto an,
stelle fest, dass es ruhig wie bisher weitergehen kann.

Dann doch lieber im Winter weiter Scheiben kratzen,
als jetzt beim Ausfüllen der vielen Anträge was zu verpatzen.

Hab Angst, was verkehrt zu machen
mit all diesen behördlichen Sachen.

Bin jetzt genug informiert,
dass man mir den Spaß am Bauen nahm,
hab ich längst kapiert.

Also werfe ich den Antrag zum Antrag
vom Antrag über den Antrag in die Tonne,
leb weiter frei und fröhlich ohne Garage und voller Wonne.

Sollen doch die anderen in ihrer Bürokratie weiterleben,
ich werde mir das jedenfalls sicher nicht geben!

Autofahrt

Du hast einen Termin, bist spät dran,
da hilft nur noch eines, schnell mit dem Auto fahrn.

Also schnell in deinen flotten Flitzer reingesetzt
und dann auch schon losgehetzt.

Ärgerlich, dass man erst mal durch eine 30er-Zone muss,
man hofft auf deren schnellen Schluss.

Endlich bist du da dann durch,
doch dann kriecht vor dir so ein Lurch.

Du siehst es schon, ein Mann mit Hut,
das ist jetzt in deiner Eile gar nicht gut.

Er kriecht mit 30 km/h vor dir her,
da ruhig zu bleiben, ist wirklich schwer.

Du fährst ihm fast die Stoßstange weg,
doch der kommt trotzdem nicht vom Fleck.

Da vorne eine Kreuzung, wo er muss anhalten,
auch du bist in den niedrigsten Gang am schalten.

Du stehst nun hinter ihm voller Verdruss,
und überlegst, auf was der warten muss.

Denn du siehst kein Auto weit und breit,
wäre da das Losfahren nicht gescheit?

Endlich hat das auch der Hutträger kapiert,
du wärst hinter ihm jetzt bald krepiert.

Er zockelt also nun vor dir an,
du überlegst gleich, ob ich den wohl überholen kann?

Du setzt den Gedanken dann auch sofort um,
denkst dir, ich fahr dem doch nicht hinterher,
bin doch nicht dumm.

Düst also an ihm vorbei,
dass er wütend hupt, ist dir einerlei.

Auf Wiedersehen, du Träger mit Hut,
mag dich nicht mehr sehen, mach es gut!

Immer noch die Uhr im Nacken,
gibst du Gas und denkst, das kannst du noch packen.

Auf der Landstraße hoffst du, hast du endlich freie Fahrt,
doch da ein Bauer mit Jauchefass vor dir karrt.

Derweil reißt der Gegenverkehr nicht ab,
du denkst noch, verflixt mit meinem Termin wird es knapp.

Setzt fünfmal zum Überholen an,
doch jedes Mal wieder einer entgegenkam.

Nach endlos langer Zeit
ist es dann so weit.

Du setzt deinen Blinker links,
mittlerweile aus dem Jauchefass ganz schön stinkts.

Du setzt grad zum Überholen an, da biegt der Traktor ab,
ohne den Blinker zu setzen, ebenfalls nach links,
verflixt, das war nun knapp!

Steigst voll in die Eisen rein,
rufst laut: „Das kann doch wahr nicht sein!"

Doch den Traktorfahrer juckt das nicht,
und dir nimmt ein großer LKW die Sicht.

Da nützen dir deine 200 PS unterm Hintern auch nicht viel,
bei so viel Hindernissen kommst du auch damit nicht ans Ziel.

Du schimpfst laut vor dich hin,
was macht mein Auto da noch Sinn?

Deine Finger trommeln nervös auf dem Lenkrad rum,
irgendwann wirds dir doch zu dumm.

Setzt zu einem riskanten Überholmanöver an,
grad so vorbei, als wieder einer entgegenkam.

Jetzt wirds doch endlich mal ungehindert weitergehen,
deine Gedanken sich nur um deinen Termin jetzt drehen.

Bretterst mit 140 Sachen übers Land,
hast dadurch die Radarfalle zu spät erkannt.

Und Klick und Blitz,
dich reißt es fast aus deinem Sitz.

Deine Bremsaktion kommt viel zu spät,
sich dir dein Magen umdreht.

40 Sachen zu schnell, das wird teuer,
das Auto vom Rumstehen während dem Fahrverbot
auch nicht neuer.

Du bist laut am schimpfen und fluchen
und vergeblich nach Ausreden am suchen.

Überlegst kurz, vielleicht zurückzufahren,
doch dir ist klar, diesen Weg kannst du dir echt sparen.

Musst wohl oder übel demnächst die Post abwarten,
dir ist klar, da hast eh du die schlechten Karten.

Nach dem Schock fährst du wie vorgeschrieben,
für deinen Termin ist nicht mehr viel Zeit geblieben.

Jetzt gehts noch auf die Autobahn,
vielleicht kannst du da etwas schneller fahrn.

Doch schon an der Auffahrt geht es los,
du fragst dich, ist der vor mir etwa doof?

Warum fädelt der sich denn nicht ein,
glaubt er, er ist hier ganz allein?

Schleicht mit 50 km/h vor dir her,
du denkst dir,
auf die Autobahn aufzufahren, ist doch nicht so schwer!

Er bringt dich so weit, dass du hinter ihm fast stehen musst,
dir vergeht zum Fahren nun schon bald die Lust.

Was ist das nur für ein verkorkster Tag,
wo scheinbar kein Mensch richtig fahren mag.

Du zuckelst nun also hinter dem Träumer auf die rechte Spur,
fragst dich, woher kommen die vielen LKWs denn nur.

Eine endlos Schlange davon fährt vor dir,
du denkst dir grimmig, so die linke Spur gehört nun mir.

Doch erst mal musst du auf diese auch kommen,
vor dir wälzen sich die Riesen in nicht gezählten Tonnen.

Da hilft es nur, sich frech nach links reinzudrücken,
irgendwer wird ja hoffentlich zur Seite rücken.

Es stört dich nicht, dass dein Hintermann auf die Hupe geht,
musst dich konzentrieren,
weil der Verkehr vor dir plötzlich steht.

Das wars wohl schon mit der freien Fahrt,
da hast du dir wirklich keine Zeit gespart.

Da stehst du also nun im Stau
und ärgerst dich darüber grün und blau.

Deine wenig freundlichen Selbstgespräche
nutzen dir auch nicht viel,
auch die bringen dich nicht weiter an dein Ziel.

Stop and go geht es nun weiter,
da siehst du nicht, dass die Sonne scheint so heiter.

Bist eingekeilt zwischen PKW und LKW,
bist nur froh, dass es nicht auch noch hat Eis und Schnee.

Du hast noch zehn Minuten bis zu deinem Termin,
doch mindestens zwanzig Minuten Weg bis dahin.

Plötzlich, wie wenn ein Knoten platzt, rollt der Verkehr,
du fragst dich, wo kam der Stau eigentlich denn her.

Weit und breit kein Hindernis, kein Unfall zu sehen,
da kannst du deinen Kopf noch so in alle Richtungen drehen.

Du versuchst also nun mit Vollgas Zeit rauszuholen,
sitzt mittlerweile wie auf glühenden Kohlen.

Und schon wieder trifft dich unvermutet der Blitz,
du glaubst, das ist doch langsam alles ein Witz.

Ein Blick auf den Tacho verrät,
für Reue ist es längst zu spät.

Nun gut, den Lappen können sie dir eh nur einmal nehmen,
also brauchst du dich jetzt auch nicht zu schämen.

Kannst also genauso gut nun ungeniert weiterrasen,
ja, mit den Blitzern ist einfach nicht zu spaßen.

Endlich kannst du von der Autobahn runterfahren,
würdest dir ja nun gerne die roten Ampeln sparen.

Doch keine der vielen Ampeln lässt Gnade walten,
du bist nur wie verrückt am Gänge hoch- und runterschalten.

Ein Blick auf die Uhr verrät,
für deinen Termin ist es nun zu spät.

Doch trotzdem wird ein Parkplatz nun gesucht
und schon wieder kräftig im Auto geflucht.

Vor dir versucht eine ältere Dame
mit einer Parklücke ihr Glück
und nähert sich deinem Auto gefährlich Stück für Stück.

Du drückst deine Hupe nun wie wild,
hast vor deinen Augen schon ein schreckliches Bild.

Siehst dein Heiligtum ganz verbeult
und die Schadensverursacherin wie sie heult.

Die rangiert immer noch munter weiter,
doch die Lücke, in die sie will, wird einfach nicht breiter.

Nach etlichen Minuten gibt sie auf,
du wartest ja nur darauf.

Schnappst dir nun selber diese Lücke,
kommst natürlich rein ohne List und Tücke.

Wenigstens einmal heute Glück gehabt
und dem anderen den Parkplatz weggeschnappt.

Nachdem vom Pech ja verfolgt war die ganze Fahrt
und du lauter Idioten bist hinterhergekarrt.

Zu deinem Termin kommst du zwar nun zu spät,
jetzt noch schnell an der Parkscheibe gedreht.

Ja, das war mal wieder eine Autofahrt,
die du dir gerne hättest erspart.

Du hoffst, das wird nächstes Mal nicht wieder so passieren,
und du musst hoffentlich nicht erneut so pressieren.

Ach so, erledigt hat sich ja eh in nächster Zeit die Fahrerei,
denn der Polizei war deine Eile ja leider nicht einerlei!

Beim Zahnarzt

Heute ist der Tag, da lässt es sich nicht mehr vermeiden,
und ich muss beim Zahnarzt leiden.

Ein Zahn meldet sich schmerzhaft und massiv,
ich hoffe nur, es geht nichts schief.

Laufe also gequält mit dicker Backe in die Praxis rein,
es heißt: „Setzen sie sich doch noch ins Wartezimmer hinein."

Dort höre ich aus dem Behandlungszimmer
des Bohrers Kreischen,
und möchte mich am liebsten
auf leisen Sohlen wieder nach Hause schleichen.

Wie ich überlege, ob ich die Flucht antreten soll,
ruft man mich auch schon auf, na toll!

Schleich also der Arzthelferin hinterher,
der Gang zum Behandlungsstuhl fällt mir sichtlich schwer.

Darf es mir auf dem Folterstuhl gemütlich machen,
sie macht einen Scherz, doch mir ist nicht zum Lachen.

Ihre Vorbereitungen beäuge ich recht skeptisch,
sie desinfiziert alles und macht alles frisch.

Da kommt auch schon der Zahnarzt rein,
meint freudig: „So, sie werden die Nächste sein.

Wo tut's denn weh, was ist denn los?"
Ich spiel's herab und mein: „Ach, es zwickt ein bisschen bloß."

Werde mit dem Stuhl erst mal in die Waagrechte gebracht,
es heißt: „Den Übeltäter finden wir schon, das wäre ja gelacht."

Muss meinen Mund aufsperren ganz weit,
dann heißt es: „Aha, der Zahnstein macht sich auch schon breit."

Es wird an meinen Zähnen gerüttelt und geklopft,
ah, dort hinten wurde auch schon mal was gestopft.

Dann ist der Zahnarzt an dem Bösewicht dicht dran,
ich schrei: „Passen sie doch auf, guter Mann!"

Nun wird diese Stelle gleich genauer untersucht,
und von mir der kranke Zahn innerlich verflucht.

Der kalte Schweiß steht mir schon auf der Stirn,
jetzt wird gleich gebohrt, schießt es mir durchs Hirn.

Der Arzt meint: „Da röntgen wir doch erst einmal den Zahn,
dass ich hab für die Behandlung einen guten Plan."

Ich muss also in den Nebenraum gehen,
wo das Röntgengerät ist am stehen.

Krieg eine schwere Schürze umgehängt,
ach, mir wird heut wirklich nichts geschenkt.

Dann schiebt man mir ein riesiges Teil in den Mund,
ich gebe mit Händen und Füßen meinen Brechreiz kund.

Doch es heißt nur:
„Bitte ganz still halten, ich bin gleich wieder da",
ich spür meinen Mageninhalt am Hals oben schon ganz nah.

Kurz bevor das Unglück dann passiert,
kommt die Helferin wieder anmarschiert.

Nimmt mir aus dem Mund die Reizquelle
und schickt mich wieder zurück zur vorherigen Stelle.

Im Behandlungsstuhl warte ich aufs Ergebnis dann,
stelle nebenbei fest,
der Zahnarzt ist ein recht attraktiver Mann.

Das Ergebnis vom Röntgen dann gar nicht toll,
denn der Zahn ist mit Karies voll.

„Da hilft nur bohren", höre ich,
„ich betäub sie jetzt, das gibt einen kleinen Stich."

Von wegen kleiner Stich, ich sterbe fast,
hätte dem Kerl am liebsten eine Ohrfeige verpasst.

Kurz drauf komm ich mir vor wie ein Schlaganfallpatient,
der auch seine zweite Gesichtshälfte nicht mehr kennt.

Jetzt werde ich noch weiter nach hinten gekippt
mit meinem Stuhl,
außer mir finden das offenbar alle cool.

Zwei Augenpaare starren meinen offenen Mund nun an,
für mich das Schlimmste, dass ich nicht mehr reden kann.

Die Helferin eifrig mit dem Sauger zur Tat schreitet,
während der Zahnarzt den Bohrer vorbereitet.

Sie fuhrwerken nun zu zweit in meinem Mund herum,
ich kann alles nur ergehen lassen über mich, natürlich stumm.

Schau die schönen Bilder an der Decke an,
doch keines davon meine Laune heben kann.

Schau zwischendurch angstvoll in die Augen meiner Peiniger,
der Zahnarzt sagt: „Und jetzt bitte den Reiniger."

Da wird nun gespült und gesaugt,
ich hab das Gefühl, das ganze Gebiss wird gleich geklaut.

Würde so gern meinem Schluckreflex nachkommen,
doch man hat mir mit dem Sauger
ja meine ganze Spucke weggenommen.

Meine Hände liegen ineinandergekrampft auf meinem Bauch,
der Arzt sagt: „So, den Nachbarzahn machen wir gleich auch."

Erneutes Bohren ist nun angesagt,
ich bin schon ganz verzagt.

Nach erneutem Saugen und Spülen
ist der Arzt mit Tamponaden
in meinem Mund am rumwühlen.

Schiebt mir diese Dinger überall hin,
sie sollen alles trocken halten, das ist der Sinn.

Dann wird desinfiziert und alles trockengefönt,
während aus dem Nebenzimmer
ein knirschendes Geräusch ertönt.

Ich bin mir eh schon sicher,
in der Folterkammer gelandet zu sein,
will einfach hier raus, will nur noch heim.

Doch ein Ende ist längst nicht in Sicht,
es heißt: „Nun füllen wir das alles, damit ja nichts bricht."

Ich hab das Gefühl, er stopft das Zeugs kiloweise rein,
so groß kann aber das Loch doch gar nicht sein.

Gehärtet wird es dann immer wieder zwischendrin,
nun ja, es wird schon alles haben seinen Sinn.

Ich kann mittlerweile meinen Mund kaum noch offen halten,
doch die beiden sind da immer noch am schalten und am walten.

Ich wage es dann doch mal zu schlucken,
beide Augenpaare sind mich streng am angucken.

Immerhin werde ich nun von den Tamponaden befreit,
es heißt, jetzt ist es dann bald so weit.

Darf sogar einmal den Mund ausspülen,
doch mit der Betäubung ist sich das blöd am anfühlen.

Habe das Gefühl,
mir läuft das Wasser unkontrolliert seitlich raus,
ach, was ist das alles nur für ein Graus.

Jetzt wird der Höhentest gemacht,
ich muss auf einem Papier knirschen bis es kracht.

Dann wird geschliffen und gefeilt,
und so die richtige Höhe der Füllung angepeilt.

Wieder knirschen auf dem Papier,
ich hoffe, ich war die längste Zeit hier.

Endlich passt es dann so weit,
ich mach mich schon zum Heimgehen bereit.

Doch halt, nein, jetzt kommt ja noch der Zahnstein weg,
es heißt, ich hätte einiges davon im Mund von diesem Dreck.

Also erneut den Mund wieder aufgemacht,
die Helferin arbeitet darin, dass es gleich kracht.

Hab das Gefühl, die schleift mir das Gebiss jetzt raus,
jetzt reicht's, ich will wirklich nur noch nach Haus!

Wie es mir vorkommt nach einer kleinen Ewigkeit,
bin ich doch fürs nach Hause gehen bereit.

Darf mir den ganzen Mund noch mal ausspülen
und keiner will mehr drin rum wühlen.

Wisch mir vorsichtig ab meine betäubte Lippe,
hör noch wie es heißt: „Der Zahn stand echt auf der Kippe.

Sie sollten öfters zur Prophylaxe kommen",
doch all das hab ich nur noch mit einem Ohr vernommen.

Verlasse den Ort des Grauens mit großer Eile,
und hoffe nur, ich sehe ihn nicht mehr für eine ganze Weile.

Da kann der Zahnarzt gut aussehen wie er will,
ich hoffe nur,
meine Zähne verhalten sich für lange Zeit nun still.

Jetzt muss nur noch die Betäubung vergehen,
dann kann man mich auch wieder beim Reden verstehen.

Komm mir vor wie ein kleiner, tapferer Held
und hab dafür auch noch bezahlt ein Heidengeld!

Das Betriebsfest

Es ist wieder mal so weit,
das alljährliche Betriebsfest steht vor der Tür,
jeder freut sich schon, keiner ist dagegen, alle nur dafür.

Die Vorbereitungen laufen auf Hochtouren,
es wird eifrig drüber geredet auf den Fluren.

Es soll wieder eine riesige Freiluftparty geben,
was gibt es denn auch Schöneres im Leben?

Eine Band ist auch angeheuert,
der Chef stöhnt: „Der Partyservice ist ja überteuert."

Die Damen überlegen bereits, was sie anziehen sollen,
die Herren dagegen überlegen, von welcher Dame sie was wollen.

Die Buchhalterin erscheint ganz schwarz gekleidet
und sehr elegant,
der Lagerist flüstert ehrfürchtig:
„Die hätte ich beinah nicht erkannt."

Der Chef erst mal eine große Rede schwingt
und der Prokurist ein Liedchen singt.

Der Chef sagt: „Alle sollen nun viel Spaß doch haben
und sich am Buffet schön laben."

Das lässt sich keiner zweimal sagen
und schon sind alle am lostraben.

Die Konsequenz ist vor dem Buffet eine endlos lange Schlange,
dass sie nichts mehr kriegen, ist einigen schon bange.

Da wird geschubst und gedrängt,
der Lehrling hat sich mit seiner gepiercten Zunge
im Bratenfleisch verhängt.

Vor dem Fassbier sitzt der Einkaufsleiter
und kommt einfach nicht mehr weiter.

Meint grinsend: „Das Fass, das ist jetzt mein",
die anderen beschweren sich, das kann doch gar nicht sein.

Die Damen halten sich dagegen lieber an Sekt und Wein,
die Chefsekretärin kichert: „Oh, das schmeckt aber fein."

Zwei der Telefonistinnen können kaum noch gerade stehen,
der Prokurist ist sich dauernd nach der Sekretärin am umdrehen.

Sie hat aber auch so ein kurzes Röckchen an,
wo man sogar das Höschen drunter sehen kann.

Jetzt bückt sie sich auch noch und dreht gekonnt ihren Po,
die Empfangsdame jammert:
„Mir ist schlecht" und rennt aufs Klo.

Dort gibt sie den Inhalt ihres Magens wieder,
während draußen die Geschäftsleitung singt zweideutige Lieder.

Der Lagerist flüstert dem Lehrling zu:
„Die Sekretärin vom Chef lass ich heut nicht mehr in Ruh.

Die nagel ich heut noch auf dem Tisch",
der Lehrling meint trocken:
„Na, die ist aber auch nicht mehr ganz frisch."

Der Lagerist meint: „Nein, schau hin, die ist ein scharfes Gerät",
der Lehrling sagt: „Aber du kommst viel zu spät."

Denn da pirscht sich der Prokurist schon ran,
das ist aber auch ein ganz besonders attraktiver Mann.

Dem frisst sie auch gleich aus der Hand,
zwitschert: „Ach, Sie hätte ich beinah heut nicht erkannt."

Der meint: „Ach, komm, trinken wir erst mal Brüderschaft,
damit zwischen uns nicht so eine Distanz da klafft."

Also verknoteten sie sich gleich mal miteinander,
keiner kriegte es mit in dem allgemeinen Durcheinander.

Verschlingen sich in einem Kuss Marke Dauerbrenner,
jemand meckert: „Die Musik ist auch nicht grad ein Renner."

Die Leute vom Marketing abseits sitzen,
amüsieren sich bei schmutzigen Witzen.

Das Buffet mittlerweile schon ordentlich abgeräumt,
während der Lagerist immer noch von der Sekretärin träumt.

Die hat sich mit dem Prokuristen längst
ins nächste Gebüsch verzogen,
die Buchhalterin lästert hinter vorgehaltener Hand:
„Hier ist doch alles verlogen.

Wenn ihr wüsstet, was ich immer alles vertuschen muss,
wüsste dass das Finanzamt, wäre hier ganz schnell Schluss.

Da läuft einiges so unter der Hand,
behaltet das ja für euch, dass nichts wird bekannt."

Die Sachbearbeiterin vom Alkohol nun enthemmt,
macht sich ran an den Chef und meint,
er soll nicht sein so verklemmt.

Sie lässt ihren üppigen Busen fast aus der engen Bluse hüpfen
und versucht mit ihrer Hand in seine Hose zu schlüpfen.

Der Chef, auch schon merklich alkoholisiert,
weiß noch nicht so recht, was da grad passiert.

Merkt nur, es ist eigentlich ganz angenehm,
spürt, wie bei ihm ist was am stehn.

Denkt sich, heut ist mein Betriebsfest,
da will ich mich vergnügen,
man muss ja auch mal über seine Mitarbeiter verfügen.

Eigentlich ist die Sachbearbeiterin ja eine süße Maus,
ich glaub, ich tausch sie gegen meine Sekretärin aus.

Die ist ja eh flach wie ein Brett,
da geh ich lieber mit dem Busenwunder hier ins Bett.

Lässt sich willenlos von ihr auf die Tanzfläche führen,
sie flüstert ihm kokett ins Ohr: „Ich will dich heut noch spüren."

Er denkt sich, was hab ich doch für treue Mitarbeiter,
mit denen kommt man einfach weiter.

Belohnen muss man die dann auch von Zeit zu Zeit,
er ist jetzt für jeden Einsatz bereit.

Lässt sich von seiner Tanzpartnerin unauffällig
in ein abgelegenes Eck dann schieben,
wo die zwei sich dann ungehemmt dort lieben.

Der Lagerist seinen Kummer im Alkohol ertränkt,
weil die Sekretärin ihm keinen Blick hat geschenkt.

Der Lehrling den ganzen Abend
mit seinem Zungenpiercing kämpft,
der Empfangsdame ist immer noch schlecht,
ihre Laune ist gedämpft.

Das Betriebsfest erreicht seinen Höhepunkt,
die Sachbearbeiterin stöhnt dem Chef ins Ohr:
„Ich bin schon ganz wund."

Von der Sekretärin und dem Prokuristen keine Spur,
sie treiben es irgendwo in der freien Natur.

Der Einkaufsleiter den ganzen Abend
in inniger Umarmung mit dem Bierfass,
lallt um Mitternacht: „Was ist das alles wieder für ein Spaß."

Die Buchhalterin immer noch aus dem Nähkästchen plaudert
und mit der Bekanntgabe pikanter Details gar nicht zaudert.

So hat ein jeder Spaß auf diesem Fest,
die Telefonistinnen trinken von Sekt und Wein
den letzten Rest.

Die Marketingabteilung räumt die Reste vom Buffet noch leer,
am Ende fällt allen der Abschied schwer.

Ach, was war das Betriebsfest doch wieder schön,
so könnte es noch ewig weitergehen.

Nur gut, dass morgen Sonntag ist,
die Firma da kein Mensch vermisst.

Reicht schon, wenn man sich am Montag wiedersieht,
dann die Neuigkeiten austauscht, wer denn wen nun liebt.

Da hat man sich dann wieder Etliches zu erzählen,
und so mancher muss sich durch Peinlichkeiten dann quälen.

Es wird einige Wochen dauern,
bis der letzte Klatsch und Tratsch sich hat gelegt,
für Reue ist es eh zu spät.

Das nächste Fest ist sowieso erst wieder nächstes Jahr,
da weiß keiner mehr, was das Jahr vorher war.

Da werden die Karten eh wieder neu gemischt
und ganz neue Storys aufgetischt.

Jetzt gibt es erst mal wieder ein Jahr voller Normalität,
bis das nächste Betriebsfest wieder vor der Türe steht.

Die Muckibude

Ich gehe heute zum ersten Mal in ein Fitness-Studio,
aufgeregt bin ich sowieso.

Zwäng mich in meine Jogginghose rein,
man will ja ordentlich angezogen sein.

Von Nike ein T-Shirt, das muss her,
dass Adidas auf den Schuhen steht,
auf so was achten die sicher sehr.

So fühl ich mich gut gerüstet,
wir haben nur die neuesten Geräte, wird sich dort gebrüstet.

Musik dröhnt mit harten Bässen laut durch den Raum,
man versteht dabei sein eigenes Wort noch kaum.

Dazwischen muskelbepackte Männer sind,
die sich an den Geräten erfreuen wie ein kleines Kind.

Die Luft nach frischem Schweiße riecht,
dort hinten einer auf allen Vieren am Boden kriecht.

Ich werd jetzt erst mal zum Aufwärmen geschickt
auf ein Trainingsrad,
da ewig vor sich hinzutraben, find ich ziemlich fad.

Starr nur die nackte weiße Wand vor mir an,
ab und zu kommt vorbei ein Muskelmann.

Der dann mit stolz geschwellter Brust an mir vorbeiläuft
und dabei seinen Energiedrink säuft.

Der dabei demonstrativ seine Muskelarme schwenkt
und dabei die Aufmerksamkeit auf sich lenkt.

Schaut mich leicht verächtlich an,
überlegt sich wohl,
wie ich meine überflüssigen Pfunde auf das Rad bekam.

Hab das Gefühl,
sein Blick saugt mir die Speckschwarten vom Bauch
und meinen runden Hintern hat er im Visier gleich auch.

Trete also extra emsig in die Pedale rein,
fühle mich neben dieser Sportskanone furchtbar klein.

Endlich warm genug ich offenbar bin,
man lässt mich an die anderen Geräte hin.

Mir längst der Schweiß von der Stirne tropft
und mein Herz etliche Takte schneller klopft.

Kein Mensch scheint hier so zu schwitzen
und zu schnaufen wie ich,
da hör ich den Trainer, wie er sagt:
„So, jetzt belasten wir mal dich"

Hör irgendwas von 20 Kilo,
die ich mit den Beinen stemmen soll,
denk mir noch, ach, das klingt ja leicht und toll.

Doch schon nach wenigen Malen merke ich,
lieber Himmel, das ist ja gleich gar nichts für dich.

Spür jeden Muskel in meinem Bein,
soll das der Effekt nun gewesen sein?

Doch zum Nachdenken lässt man mir erst gar keine Zeit,
schon steht das nächste Foltergerät für mich bereit.

Muss nun meinen Oberkörper nach allen Richtungen drehen,
kann so immer wieder die anderen Muskelmänner
aus jeder Perspektive sehen.

Links von mir ein Glatzkopf mit Waschbrettbauch,
rechts von mir trainiert ein Tätowierter seine Oberarme auch.

Geradeaus einer, der nur seine ganzen Handys sortiert
und sie von einer Hosentasche in die andere platziert.

Was das wohl für ein Training ist, überleg ich mir,
das gibt sicher Muskeln in den Fingerspitzen hier.

Ein anderer sich unentwegt durch seine Haare streicht,
während er durch die Gerätereihen schleicht.

Ich bin mittlerweile wie ein Maikäfer am pumpen,
doch ich lass mir nichts anmerken, lass mich nicht lumpen.

Dreh fleißig meinen Oberkörper weiter,
denk mir, wäre ich doch Eis essen gegangen,
das wär gescheiter.

Als Nächstes sind meine Oberarme dran,
von einem anderen Gerät rüber
grinst mitleidig ein anderer Mann.

Dem seine Muskeln längst durchs Nike-Shirt quellen,
er hat seine Muckis bereits an den richtigen Stellen.

Ich vor Neid am erblassen bin,
frag mich, ob ich das jemals kriege hin.

Ich zumindest mittlerweile jeden Muskel im Körper fühl
und mir ist auch sicher nicht mehr kühl.

Mittlerweile steht mir der Schweiß sogar in den
Adidas-Schuhen,
doch man lässt mich einfach noch nicht ruhen.

Frag mich eh langsam, wo sind hier eigentlich die Frauen,
haben die denn nichts an Muskeln aufzubauen.

Warum bin ich hier eigentlich das einzige Weib,
was trainiert ihren schwabbeligen Leib.

Werd hier wohl nicht mal meinen Traummann finden,
hab doch keine Lust, mich an so einen Muskelprotz zu binden.

Nach einer Stunde Muskelquälerei bin ich endlich erlöst,
hab mich zur erfrischenden Dusche entblößt.

Doch auf dem Weg dorthin hab ich das Gefühl,
zig Augenpaare schauen mir hinterher,
und lästern: „Na, die hat das Training nötig,
ist wohl auch ein bisschen schwer.

Schrubb also den Schweiß von meinem untrainierten Leib,
komm mir eh vor wie das unsportlichste Weib.

Zwischen all den Muskelprotzen,
die vor allem eines können, nämlich glotzen!

Frisch geduscht und mit Muskelschmerzen
verlass ich die Muckibude leichten Herzens.

Kehr hier sicher nie mehr zurück,
versuch lieber beim Sport in der Natur mein Glück.

Walken, Schwimmen, Rad fahren,
da kann ich sogar viel Geld dabei sparen.

Sollen die Muskelpakete sich nur weiter stellen zur Show,
was ich will, weiß ich nun ganz genau.

Erfreu mich lieber an der Natur
und kann auch so etwas tun für meine Figur.

Werd vielleicht dann zwar nie so durchtrainiert sein,
aber in die Muckibude bringt mich sicher keiner mehr rein!

Eine kurze Befragung

Samstagnachmittag, da läutet das Telefon,
eine Frau stellt sich vor mit knappen Ton.

Dass sie zu einem Meinungsforschungsinstitut gehört
und doch hoffentlich jetzt nicht stört.

Höflich wie man ist,
ein „Nein, ich habe keine Zeit" zu sagen man schnell vergisst.

Man sagt nur: „Ich hoffe, es dauert nicht zu lang",
„nein überhaupt nicht",
versicherte die Dame mit höflichem Klang.

Mit Fragen über Politik geht es dann los,
sie prasseln auf einen nieder, gnadenlos.

Man soll beurteilen,
wie man mit der Regierungsarbeit zufrieden ist,
leider gibt es keine Antwort,
die da heißt, es ist alles doch nur Mist.

Es wird stattdessen lang und breit aufgezählt,
welche Partei man hat im letzten Wahlkampf denn gewählt.

Dann wird gefragt, welche Partei man würde wählen,
müsste man sich nächsten Sonntag zur Wahl denn quälen.

Es kommt die interessante Frage, wie das wäre,
wenn man den Bundeskanzler selber bestimmen kann,
es folgen ein Frauenname
und mindestens zehn von einem Mann.

Man sich das alles gar nicht merken kann,
deshalb entscheidet man sich in seiner Not
eben gegen einen Mann.

Irgendwann ist die Politik dann endlich erledigt,
die Ergebnisse beim Forschungsinstitut verewigt.

Man denkt, so, das war's dann nun,
doch die Fragen gehen weiter,
man kann gar nichts dagegen tun.

Jetzt wird das Freizeitverhalten abgefragt,
man will wissen,
wo man den nächsten Urlaub verbringen mag.

Auf welche Prioritäten man Wert da legt,
ein Blick auf die Uhr verrät, es ist schon spät.

Doch erbarmungslos geht es weiter,
jetzt wird das Fernsehverhalten abgefragt, das wird ja heiter.

Will man lieber Spielfilme sehen
oder soll sich alles um Dokumentationen drehen.

Was man von den Talentshows hält,
ob man beim Fernsehen vielleicht schlafend aufs Sofa fällt.

Die Antwortmöglichkeiten sind phänomenal,
man hat damit seine Qual.

„Trifft gar nicht zu", „trifft voll und ganz zu" oder „vielleicht",
man fragt sich langsam,
wann hat man das Ziel denn endlich erreicht.

Als dann auch noch Fragen übers Auto kommen,
ist mittlerweile eine Viertelstunde schon verronnen.

„Welchen Wagen fahren sie?"
man ist geneigt zu sagen: „Das erraten Sie doch nie."

Man merkt, wie der Zorn beginnt, sich breit zu machen,
man findet das alles langsam gar nicht mehr zum Lachen.

Ist mit den Nerven bald am Ende,
der Blick von einem spricht schon Bände.

Doch unaufhörlich prasseln die Fragen auf einen nieder,
man wird gefragt, was man im Auto hört für Lieder.

Lieber Schlager, Pop oder Rock,
„ich hör Opern",
versetzt man die Befragende dann in einen Schock.

Sie fragt gleich nach ein zweites Mal,
ach herrje, was ist das alles für eine Qual.

Dann wird man gefragt,
ob man sich dasselbe Auto wieder kaufen würde
und endlich hat man auch genommen diese Hürde.

Man denkt, nun ist wohl endlich Schluss,
doch dann wollen die wissen,
wann haben sie erlebt den ersten Kuss.

Die Frage der Unterwäsche ist interessant
und ob die Größe der Brüste ist imposant.

Wie oft man Sex hat in einer Nacht,
und ob man dabei auch schon mal hat gelacht.

Wie ausdauernd der Partner ist
oder ob man schon mal hat was vermisst.

Wie es aussieht mit einem Seitensprung
oder ob man dazu ist zu dumm.

Welche Krankheiten man sich im Leben eingefangen hat
und ob der Hund schon mal ins Haus hat gekackt.

Man fühlt sich mittlerweile ausgezogen bis auf die Haut,
doch eine Frage nicht zu beantworten,
hätte man sich auch nicht getraut.

Man wagt endlich doch zu sagen,
ich denke, sie wollten nur stellen ein paar wenige Fragen.

Es wird versprochen, es dauert nur noch kurz,
man will nur noch wissen,
ob wir heut schon gelassen haben einen Furz.

Doch dann noch die Krönung kommt,
man will das Einkommen wissen so ganz prompt.

Und zum ersten Mal zeigt man echte Rebellion,
man sagt zwar viel, aber das ganz sicher nicht am Telefon.

Inständig wird man darum gebeten,
doch da ist der Befrager auf der Stelle am treten.

Denn diese eine Sache gibt man nicht preis,
man will ja nicht, dass es die ganze Welt dann weiß.

Es geht doch niemanden etwas an,
was man sich so alles leisten kann.

Die gute Frau beißt nun auf Granit,
sagt erneut:
„Ach kommen Sie, diese Frage nehmen wir noch mit."

Doch energisch sagt man: „Nein, nein,
das muss nun das Ende der Befragung sein."

Die Enttäuschung am anderen Ende der Leitung
ist nun ziemlich groß,
die Dame fragt sich sicher,
wie verklickere ich meinem Chef das bloß.

Doch ihr bleibt nichts anderes übrig,
als die Befragung abzuschließen,
man selber möchte am liebsten
das ganze Forschungsinstitut in den Himmel schießen

Als auf die Uhr man schaut,
seinen Augen kaum traut.

Eine Dreiviertelstunde ist vergangen,
so lang war man von der kurzen Befragung gefangen.

Man überlegt, es sollte künftig eine Befragung geben,
die klärt, was kurz oder lang ist im Leben!

Am besten dann noch eine Befragung machen,
ob man so eine Befragung braucht,
ob es dann nicht vielleicht in den Forschungsinstituten
ordentlich raucht!

Und so befragen wir unser ganzes Leben,
ach, was kann es denn auch Schöneres geben?

Freitag, der 13.

Der Wecker läutet und reißt mich mitten aus meinem Traum,
dass es schon wieder Zeit ist aufzustehen, glaube ich kaum.

Ich mag einfach noch nicht aufstehen,
und bin dabei, mich einfach umzudrehen.

Mache noch mal meine müden Augen zu,
will jetzt einfach meine Ruh.

Das nächste Mal weckt mich das Läuten vom Telefon,
ich schrecke hoch bei dem schrillen Ton.

Ich melde mich ganz verschlafen,
bin am überlegen, wer mich ist so am bestrafen.

Da höre ich meinen Chef, der da fragt, wo ich bleibe,
ob ich etwa unter Schlafsucht leide.

Wie von der Tarantel gestochen springe ich auf
und trete dabei auf meine Katze drauf.

Die springt laut klagend und miauend davon,
während mein Chef mit mir redet in strengem Ton.

Ich verspreche so schnell wie möglich zu kommen,
hab nur die Hälfte von dem, was er sagt, vernommen.

Ich suche hektisch nach ein paar Kleidungsstücken,
da fährt es mir heftig ins Kreuz als ich mich bin am bücken.

Mit der Hexe im Rücken humpele ich also weiter,
na wenn der Tag so weitergeht, dann wird es heiter!

Als ich mich vorsichtig etwas gerade richte
und auf den Kalender schau,
da weiß ich es sofort ganz genau!

Heute ist Freitag, der 13., und das den ganzen Tag,
mir wird ganz übel, ich gar nicht daran denken mag.

Ist doch jetzt schon so viel schief gegangen,
ich bin ganz in diesem schrecklichen Tag gefangen.

Bin mir sicher,
es werden heute noch viele schlimme Dinge passieren,
im Moment wünsche ich mir jedoch nur,
es würde mich jemand massieren.

Mühsam quäle ich mich in meine Socken und Schuhe,
die maunzende Katze gibt auch keine Ruhe.

Sie fordert ihr Futter, egal wie spät es schon ist,
und ich finde den Dosenöffner nicht, ja, so ein Mist.

Ich versuche sie mit Trockenfutter zu locken,
doch sie ist nur am bocken.

Hektisch suche ich also den Öffner weiter,
stolpere dabei über eine im Flur stehende Leiter.

Ja, richtig, ich hab gestern begonnen, die Wände zu streichen,
so ganz am Rande registriere ich,
dass die Farbe wird nicht reichen.

Da muss ich heute Abend unbedingt neue kaufen,
na, hoffentlich kann ich bis dahin wieder gerade laufen.

Ich mache auf der ausgelegten Folie
einen unbedachten Schritt,
im Fallen reiße ich auch noch gleich
den halb leeren Eimer mit.

Gelbe Farbe tropft nun überall,
die Katze hat sich verkrümelt, das ist wohl nicht ihr Fall.

Zumindest mein Rücken hat sich durch den Sturz
wieder eingerenkt,
den Rest hätte ich mir doch lieber geschenkt.

Aber da heut Freitag, der 13., ist,
wundere ich mich über all das nicht,
sehe einfach am Ende des Tunnels für heute kein Licht.

Versuche mich und meine Kleidung
von der gelben Farbe zu befreien,
bin mit den Nerven am Ende, könnte nur noch schreien.

Doch wer da schreit, das ist die Katze,
sie haut energisch auf die geschlossene Dose mit der Tatze.

Plötzlich ist auch der verflixte Dosenöffner wieder da,
er war die ganze Zeit ja schon so nah.

Also bin ich erst mal dabei, die Katze zu versorgen,
die Reinigung meiner Kleidung verschiebe ich auf morgen.

Ziehe mir erst mal etwas Frisches an,
überlege, ob die Zeit noch reicht, dass ich frühstücken kann.

Denn zu spät bin ich sowieso,
doch jetzt muss ich erst mal noch aufs Klo.

Wieso muss ich mich plötzlich auch noch
mit Durchfall plagen,
aber es ist ja Freitag, der 13.,
also stell ich hierüber nun keine Fragen.

Die Lust aufs Frühstück ist mir nun eh vergangen,
bin jetzt erst mal auf der Toilette gefangen.

Endlich komm ich mal wieder von der Schüssel runter,
doch ich bin alles andere als munter.

Statt Frühstück trinke ich nun Kamillentee,
als ich aus dem Fenster schaue,
sehe ich, draußen liegt tatsächlich Schnee.

Den Gehweg davon zu befreien, wäre ja nun meine Pflicht,
aber wenn ich das tue, schaffe ich es in die Arbeit nicht.

Also schaue ich, dass ich mich in mein Auto setze
und endlich zur Arbeit hetze.

Es eilig zu haben, war wohl keine gute Idee,
schon gar nicht, wenn man mit Sommerreifen fährt im Schnee.

Denn als ich in die Firmeneinfahrt einbiegen will,
fängt das Auto an zu rutschen
und steht erst vor dem Eisenzaun wieder still.

Ach ja, Freitag, der 13., er tut mir einfach nicht gut,
mein Auto hat eine große Beule im Kotflügel
und ich im Bauch große Wut.

Freitag, den 13., warum gibt es ihn nur,
das ist doch Horror pur!

Als Nächstes erwartet mich mein Chef dann schon,
er redet mit mir in einem nicht gerade freundlichen Ton.

Schleiche kurz darauf wie ein geprügelter Hund
zu meinem Schreibtisch,
jemand sagt zu mir:
„Du hast Farbe im Haar, die scheint zu sein ganz frisch."

Ich schaue mich also mit großen Augen im Spiegel an
und überlege, wo die Farbe außer an meinen Haaren
noch sein kann.

Ach da, auf meiner Nase ist noch ein gelber Fleck,
den putze ich auch noch gleich weg.

Wenn doch Freitag, der 13., schon vorüber wär,
ich habe es heute wirklich schwer.

Irgendwann sitze ich dann doch mal am PC,
draußen fällt unverdrossen weiterhin der Schnee.

Ich beginne ein umfangreiches Projekt zu schreiben,
es ist nicht mehr viel Zeit dafür am verbleiben.

Ich gönne mir keine Pause, schreibe wie wild,
als ich fast fertig bin, macht es plopp
und ich sitze vor einem schwarzen Bild.

Der PC ist abgestürzt
und ich habe natürlich nichts gespeichert,
Freitag, der 13., hat mich wieder um eine Erfahrung bereichert.

Man sollte an diesem Tag lieber im Bett bleiben,
und ja nicht irgendwelche wichtigen Sachen am PC schreiben.

Aus der Mittagspause wird heute nichts, das ist ja klar,
na, ich hab ja noch Kekse, so ein paar.

Die stopfe ich mir nun missmutig rein,
weil Freitag, der 13., ist, muss das wohl so sein.

Als ich mein erneut geschriebenes Projekt
endlich drucken will,
verhält dieser sich verdächtig still.

Auch gutes Zureden hilft da nicht,
irgendwann merke ich,
ein eingezogenes Blatt versperrt die Sicht.

Bin also heftig daran am rütteln,
die Kollegen sind nur grinsend am Kopfe schütteln.

Irgendwann zerreißt das Blatt in viele kleine Stücke,
ja, Freitag, der 13., sitzt mir im Nacken mit List und Tücke.

Irgendwann ist der Arbeitstag dann doch zu Ende,
ich bin in Gedanken beim Anmalen meiner gelben Wände.

Der Schnee liegt nun mittlerweile fast 15 cm hoch
auf der Straße,
als ich mit meinen Pumps zum Auto laufe,
rutsche ich aus und liege auf der Nase.

Diesmal ist es mein rechter Arm, der laut „aua" schreit,
ich glaub, der ist zum Wände anmalen heute nicht mehr bereit.

Kann mir den Kauf der neuen Farbe wohl für heute sparen,
ist wohl besser, ich werde vorsichtig gleich nach Hause fahren

Ich lenke mein Auto also
im Schneckentempo nach Hause zurück,
ein weiterer Unfall hätte mir ja nur noch gefehlt
zu meinem Glück.

Doch wie ein Wunder ist auf dem Heimweg nichts passiert,
na, reicht eh schon,
dass ich mein Auto morgens hab demoliert.

Schleich gerade müde durchs Treppenhaus,
da schaut von unten die Nachbarin zur Türe raus.

Sie lächelt mich freundlich an und spricht:
„Morgen ist doch der 13., da ist meine Geburtstagsfeier,
vergessen Sie es nicht."

Ich nicke und bin schwer am schlucken,
hab das Bedürfnis,
ganz schnell auf meinen Kalender zu gucken.

Haste die Treppe ganz ohne stolpern
zu meiner Wohnung rauf,
sperre mit zitternden Händen die Türe auf.

Laufe durch angetrocknete gelbe Farbe
an der Leiter im Flur vorbei,
das ganze Chaos ist mir momentan einerlei.

Will nur endlich auf meinen Kalender schauen
und kann jetzt meinen Augen kaum trauen.

Hab vergessen, das Blatt vom Vormonat wegzumachen,
weiß jetzt nicht, soll ich weinen oder lachen.

Heute ist Freitag, der 12., eigentlich ein Freitag wie immer,
doch der 13. hätte nicht sein können schlimmer.

Ich kann es gar nicht fassen,
war doch so den Freitag, den 13., am hassen.

Und nun kann ich ihm für all die Missgeschicke
gar keine Schuld geben,
wahrscheinlich passieren die wann immer sie wollen im Leben.

Denen ist es egal, ob Freitag, der 13., oder der 12. ist,
wahrscheinlich gibt es immer wieder Tage,
die sind einfach nur Mist.

Ich beschließe, Freitag, den 13., künftig zu ignorieren,
denn wenn etwas schief gehen will,
dann wird es so oder so passieren.

Rastanlage

Ich komm grad von meinem Urlaub heim
und will jetzt schnell zu Hause sein.

Doch vor mir liegt noch ein langer Weg,
und es ist auch schon ziemlich spät.

Mein Magen knurrt unüberhörbar laut,
also wird nach Abhilfe jetzt geschaut.

Ein Schild verrät,
nach ein paar Kilometern kommt eine Rastanlage,
dass ich dort anhalten werde, ist gar keine Frage.

Denn mittlerweile sich auch meine Blase meldet, sie ist voll,
und erklärt mir vehement,
dass sie fände eine Toilette nun ganz toll.

Es dauert auch nicht lange und ich komme an,
fragt sich jetzt nur, wo ich parken kann.

Es sieht hier völlig überlaufen aus,
und aus der Rastanlage strömen Leute rein und raus.

Ich bin geneigt, einfach weiter zu fahren,
doch ich kann mir den Toilettengang einfach nicht ersparen.

Also heißt es wohl, geduldig auf einen Parkplatz warten,
doch irgendwie hab ich da schlechte Karten.

Schließlich finde ich im hintersten Eck doch noch einen Platz,
und hechte raus aus meinem Auto mit einem Satz.

Denn mittlerweile eilt es sehr,
eine Toilette muss schnellstens jetzt dann her.

Ich lauf also im Stechschritt Richtung Toilettenschild,
dort zeigt sich mir ein schreckliches Bild.

Eine endlos lange Schlange vor einem Drehkreuz steht,
ich denk mir, bis ich da dran komm, ist sicher alles zu spät.

Da steht ein Hinweis, der Klogang kostet 50 Cent,
das hätte ich nun beinah noch verpennt.

Wühl also hektisch im Geldbeutel rum,
doch ich hab nur großes Geld, wie dumm.

Will von ein paar anderen Wartenden wissen,
ob sie Kleingeld haben,
doch jeder sagt:
„Nein, da müssen sie vorne im Restaurant nachfragen."

Meine Blase kriegt also den Befehl noch durchzuhalten,
und ich geh zur Kasse, wo man ist das Geld am verwalten.

Doch einfach mal eben wechseln geht so nicht,
ich muss erst warten, bis jemand zahlt,
zu mir die Dame spricht.

Denn dann erst kommt sie an das Geld heran,
sodass sie mir dann wechseln kann.

Endlich ist es so weit und jemand bezahlt sein Essen,
ich schrei: „Halt, wechseln",
bevor's die Kassiererin tut vergessen.

Triumphierend renn ich mit meinen 50 Cent zum Klo zurück,
doch auch jetzt habe ich kein Glück.

Muss mich in einer langen Schlange wieder hinten einreihen,
könnte mittlerweile wirklich schreien.

Weiß schon nicht mehr, wie ich meine Blase beruhigen kann,
es dauert ewig, bis ich bin am Drehkreuz dran.

Jetzt bin ich hier zwar durch,
doch noch längst nicht am Ort der Erleichterung,
als sich eine der vielen Türen endlich öffnet,
renn ich rein mit Schwung.

Schnell die Hosen runter und will mich setzen,
doch da ist die Klobrille sich erst mal noch
automatisch am benetzen.

Es blinkt eine Schrift, hier wird noch desinfiziert,
dass ihnen auch ja nichts passiert.

Hier passiert gleich was anderes, denk ich mir,
und reiß schon hektisch am Papier.

Endlich ist die automatische Reinigung zu Ende,
ich war schon nahe dran,
dass ich gepinkelt hätte in meine Hände.

Setz endlich meinen persönlichen Niagarafall dann ab,
meine Güte, das war jetzt wirklich mehr als knapp.

Jetzt kann es erst mal in Ruhe weitergehen,
ich bleib noch gemütlich
vor dem modernen Waschbecken stehen.

Wie kommt hier nur das Wasser raus, überlege ich,
eine Frau neben mir meint auch, das frag ich mich.

Wir sind also eifrig die moderne Technik am studieren,
und alles Mögliche am probieren.

Irgendwann schießt dann doch ein Strahl heraus,
eine Frau meint: „Ja, das geht auch automatisch wieder aus."

So gesäubert begebe ich mich dann zum Restaurantbereich,
hör wie jemand sagt: „Hier schmeckt irgendwie alles gleich."

Lass mich davon aber nicht beirren und kämpf mich weiter,
hier ist die gleiche Schlange wie vor dem Klo,
na, das wird heiter.

Es riecht nach Fritten und nach altem Fett,
heute gibt's Schnitzel und Pommes,
steht auf einem schwarzen Brett.

Was sonst noch alles angeboten wird,
sehe ich vor Menschenmassen kaum,
ach, wäre jetzt ein Tisch mit Speisekarte und Bedienung
doch ein Traum.

Doch so schieb ich mein noch leeres Tablett vor mir her,
die Entscheidung, was ich essen soll, fällt mir sichtlich schwer.

Die Pommes sehen ziemlich matschig aus,
aus dem Schnitzel tropft fröhlich das Fett heraus.

Der Kartoffelsalat liegt grau in einer Schüssel drin,
auch der grüne Salat sieht aus ziemlich schlimm.

Das dort hinten könnte ein Gulasch sein
oder aber irgendetwas anderes vom Schwein.

So genau lässt es sich nicht definieren,
ich möchte es auch nicht wirklich probieren.

Vielleicht doch lieber eine Suppe nehmen,
da hängt dann sicher kein zähes Fleisch zwischen den Zähnen.

Als man mich fragt, was ich denn will,
weiß ich's immer noch nicht recht,
eigentlich ist mir ja von dem Gestank hier drin
eh ganz schlecht.

Entscheid mich auf die Schnelle für Wienerchen mit Brot,
besser noch als der Kartoffelsalat, der aussieht wie tot.

Dazu noch eine Limo, die irgendwie eisgekühlt ist,
dann zahl ich auch noch zehn Euro für den ganzen Mist.

Werde an der Kasse gefragt,
ob ich vom Klogang den Bon noch habe,
ja, wo der nun ist, das ist hier die Frage.

Mit Bon werden die 50 Cent nämlich beim Essen abgezogen,
ach, wenn ich den nun nicht mehr finde,
fühle ich mich echt betrogen.

Ich wühl in allen Taschen,
stoße dabei beinah um vom Hintermann die Flaschen.

Die Schlange hinter mir nun endlos lang,
mir wird bei den bösen Blicken,
die man mir zuwirft richtig bang.

Da schaut doch aus der Hosentasche raus der Bon,
ich zahle schnell und mach mich dann auf und davon.

Einen freien Tisch zu finden, ist fast aussichtslos,
ich steh da mit meinem Tablett und frag mich,
was mach ich bloß.

Endlich sehe ich einen freien Platz,
mach drauf zu einen Satz.

Dabei fällt auf dem Tablett mein Limo um,
ich hatte wohl irgendwie zu viel Schwung.

Mein Essen nun mit eisgekühlter Limo ist getränkt,
ich hätte am liebsten mein ganzen Tablett nun verschenkt.

Erinnere mich aber an die zehn Euro, die ich bezahlt habe,
dass ich also das Limo-Würstchen nun esse, ist keine Frage.

Eigentlich ja egal, im Magen kommt eh alles zusammen,
ich beiß grad ab,
da ist mir jemand seinen Ellenbogen in den Rücken am rammen.

Verschluck mich fast an meinem Bissen,
fühl mich langsam angeschissen.

So hatte ich mir das Ende meines Urlaubes gar nicht vorgestellt,
so eine Rastanlage ist einfach nicht meine Welt.

Schau jetzt, dass ich meinen Ausflug hier beende,
hab jetzt auch noch ganz schmutzige Hände.

Da meine Serviette vom Limo ist ganz durchweicht,
hab ich also die Toilette bald wieder erreicht.

Doch nein, da geht das Spielchen wieder los,
50 Cent berappen, ich finde keine, was mach ich bloß?

Schmier beim Geldsuchen meine Hände
zig mal an meine Taschen hin,
nein, so macht das alles keinen Sinn.

Muss mich jetzt wohl mit einem Tempo begnügen
und mich dem Schicksal der verklebten Hände fügen.

Denn noch mal hol ich mir kein Wechselgeld,
will nur noch heim, denn da bin ich in meiner heilen Welt.

Geh nun also mein Auto suchen,
innerlich bin ich am fluchen.

Endlich geht die Fahrt dann weiter,
ich denk mir nur,
hoffentlich muss ich nicht wieder aufs Klo,
sonst wird es heiter.

Denn besser wird es an der nächsten Rastanlage sicher nicht,
was mir meine innere Stimme bereits verspricht.

Aber nun gut, ich hab ja nichts getrunken,
denn die Limo war ja durch mein Missgeschick verschwunden.

Also werd ich's jetzt bis nach Hause aushalten
und dann eben mal einen Gang höher schalten.

Mit diesem glücklichen Gedanken fahr ich nun heim,
weiß, spätestens dort wird meine Welt wieder in Ordnung sein.

Schwäbisches Rentnertreffen

Ich saß neulich im Schwabenland im Café
und wollte ein wenig Ruhe haben,
doch am Nebentisch hatte ein Rentnertreffen das Sagen.

Es waren an die 12 Männer und Frauen da,
und ihre Stimmen klangen an mein Ohr ganz nah.

So musste ich unfreiwillig die Gespräche mit anhören,
waren die doch erheblich meine gewünschte Ruhe am stören.

Vor allem im schwäbischen Dialekt
zum Teil schwer zu verstehen,
nutzte es nichts, dass ich ein paar Mal
meinen Kopf mit bösem Blick war am umdrehen.

Sie ließen sich nicht beirren und quasselten munter weiter,
waren dabei gut gelaunt, fröhlich und heiter.

Da sagte die Mollige mit den roten Bäckchen:
„Hasch scho gehört, vom Maier der Sohn bekam a Päckchen."

„Moinsch du jetzt von rechts d'r Maier,
da wo sie immer verkauft d' Eier?"

„Noi, doch net den, i moin den von links,
ah d'r Bauer, bei dem wo's alleweil stinkts."

„Aber da isch doch no a Haus dazwischen,
des isch des, wo allweil d'r Hund tut entwischen."

„Ah noi, dazwischen isch doch koi Haus,
da gat's doch d' Straß no weiter nauf."

„G'wiss isch dazwischen no a Haus,
guck doch a mal d'r Berg gschoit nauf."

Ob nun ein Haus dazwischen oder nicht,
mir ist das völlig egal aus meiner Sicht.

Das Thema geht mir schnell auf den Wecker,
doch schon sind sie am diskutieren über den besten Bäcker.

„Woisch beim Frosch-Bäck sind di Brezga fein,
aber bei dem sind die Wecka ziemlich klein."

„Ah noi, da sottesch mal die vom Frisch-Bäck sehn,
da han i mi umdreht und war glei am gehn."

„Ja und woisch, was der verlanga tut,
also ehrlich, der hat ganz schee Mut."

„Ah mei, früher mit der D-Mark, des war'n halt Zeiten,
da gab's no net so viele Pleiten."

„Ja, hasch scho g'hört, der Schreiner Müller isch au insolvent,
na i wois bloß, beim Bauer Huber hat's erscht brennt."

„Ma hat g'sagt, dass da jemand zündelt hat,
ah bei dem isch sie doch abgehaun mit oinem aus d'r Stadt."

„Ja, ma hat immer schon g'seit, sie soll a Verhältnis haben,
ah mei, da musch doch nur d' Zenzi vom hintra Berg fragen."

„Die wois doch elles, was im Dorf g'schieht,
weil die doch echt elles sieht."

„Ja aber hander g'hört,
die soll doch au vom Krebs jetzt befalla sein,
ah isch doch koi Wunder, die frisst doch au elles in sich rein."

Mir fangen langsam an, meine Ohren zu brennen,
würde am liebsten aufstehen und davonrennen.

Doch ich hab weder meinen Kuchen gegessen
noch meinen Kaffee ausgetrunken,
noch nie hat mir der Entschluss,
mal schnell einzukehren, so gestunken.

Doch der Rentnertreff nimmt keine Rücksicht auf mich,
die tratschen munter weiter und denken nur an sich.

„Hasch g'hört vom Max d'r Buar gat nun zum studieren,
ah echt, ko der scho was andres, außer nur zu fotografieren?"

„Der rennt doch nur mit Kamera und Linse rum,
ah früher hat ma g'seit, der sei au a wenga dumm."

„Noi, noi, net der, des isch d'r Ältere vom Max,
des war in d'r Schul scho alleweil so a Fratz."

„Ah heutzutag fehlt's in d'r Schul au sehr,
früher hat ma da g'lernt sehr viel mehr."

„Ja mei, früher hat's halt au a Disziplin gegeben,
da war's net so leicht des Leben."

„Ach mei, heit dürfet d'r Kinder viel zu viel,
die wissat scho wie se kommat ans Ziel."

Mittlerweile hab ich hintergewürgt meinen Kuchen,
bin insgeheim das Rentnertreffen am verfluchen.

Die Bedienung flüstert mir auch ganz gequält zu:
„Gell, heute haben wir aber auch gar keine Ruh."

Sie wispert: „Die verhalten sich leider ziemlich laut,
ich hab mich auch schon
nach einem ruhigeren Plätzchen umgeschaut.

Aber da ist leider nichts vorhanden,
heute kommt die Ruhe uns wirklich abhanden."

Am Rentnertisch nun kreischendes Gelächter,
eine ruft laut: „Da sigsch ja aus wie so a Nachtwächter."

Nach der Bedienung ruft eine andre nun,
die hat jetzt ganz schön viel zu tun.

Die Runde will nun wissen, welchen Wein es gibt,
die eine meint: „I bin in so an Pino Critcho ganz verliebt."

Ein anderer fragt: „Einen Pino was moinsch du,
ah halt der italienische Wein da,
komm lass du mi doch in Ruh."

„Die Bedienung wois scho, was i mein,
und bringt mir scho d' richtige Wein."

Ich versuche meinen Kaffee schneller zu trinken,
denn die ganze Runde ist mir gewaltig am stinken.

Wenn die jetzt auch noch mit Wein beginnen,
sind die sicherlich bald auf noch am singen.

Vorher muss ich unbedingt noch die Flucht ergreifen,
kann mich eh nicht mehr auf die ersehnte Ruhe versteifen.

Der Wein gibt tatsächlich Anlass,
am Nebentisch gleich weiterzuplaudern,
da sind die Rentner gleich dabei und gar nicht am zaudern.

„Woisch no, als wir damals mit d'r Lisbeth in Italien waren,
moinsch du des, wo wir send mit dem alta Bus gefahren?"

„Doch net die Werbefahrt an d'r Gardasee,
du des war damals frei richtig schee."

„Ah hör doch auf, die wolltat doch bloß
Wärmedecka verkaufen,
und hasch koi Möglichkeit g'het, davon zu laufen."

„Na so schlimm war's doch net,
i han die frei bis heit im Bett."

Endlich hab ich meine Tasse leer,
der Abschied von hier fällt mir heute gar nicht schwer.

Bin froh, als ich endlich zahlen kann,
während nebenan eine Dame ruft:
„Josef, du bisch echt a toller Mann!"

Flüstere der Bedienung zu:
„Gott sei Dank, dass ich nun flüchten kann",
sie zwinkert verschwörerisch und sagt:
„Dienstwechsel ist nun, mich holt gleich mein Mann."

Hastig verlasse ich den Ort des Geschehen,
ohne mich noch einmal umzudrehen.

Hab ich eh die lauten Stimmen noch im Ohr,
bin berieselt vom schwäbischen Rentnerchor.

Werd nächstes Mal das Café mit mehr Bedacht auswählen,
dann muss ich mich mit schwäbischem Rentnergeplauder nicht
mehr quälen!

Suche im Internet

Eine einsame Frau ihr großes Glücke sucht,
dazu auch den Segen der Technik nicht verflucht.

So meldet sie sich in einem Kontaktforum im Internet
und hofft auf so manchen netten Chat.

Jeder Tag nun voller Spannung ist,
sie darüber fast den normalen Tagesablauf vergisst.

Vielleicht ist der große Traummann ja dabei,
dass sie viel Zeit am PC verbringt, ist ihr einerlei.

Sie hat zwei nette Bilder von sich ins Netz eingestellt,
das so manchem Mann auch gleich gefällt.

Da schreibt ihr dann ein Cicco aus Basel,
doch was er von sich gibt, ist auch nur Gefasel.

„Hallo, du schöne, unbekannte Frau,
was du willst, weiß ich, Cicco, ganz genau.

Willst du mit dem Cicco mal ins Bett,
glaub mir, das wäre sicher nett."

Sie ist nun sichtlich irritiert,
und angesichts dieser offenen Worte sehr pikiert.

Also lieber die Nachricht des Nächsten aufgemacht,
wird doch ein leichtes sein,
den Traummann zu finden, wäre doch gelacht.

„Hallo, hier schreibt der Georg aus Filderstadt",
der sieht so toll aus, dass sie ist ganz platt.

Er geht gleich auf ihre Hobbys ein,
das findet sie von ihm sehr fein.

Sie plaudern munter über alles Mögliche im Chat,
und sie findet ihn sehr nett.

Doch irgendwann das Gespräch plötzlich erotisch wird,
angesichts dessen, dass ihn grad mal eine Stunde kennt,
sie ist verwirrt.

Findet, das gehört sich nicht,
so sie die Unterhaltung erst mal abbricht.

Haben eh schon genug andere geschrieben,
mal schauen, wo ist der Traummann nur geblieben?

Ein Hasan, ein Ali, ein Dogan, ein Mehmet, ein Ahmed,
alle wollen sie flugs mit ihr ins Bett.

„Du wollen Sex mit mir?
Glaub mir, ich besorgen gut es dir."

Sie nun ganz erschrocken ist,
fragt sich, was soll der ganze Mist.

Kaum hat sie beseitigt all diese Kerle,
kommt sie an, die nächste Perle.

Ricc, ein Fotograf aus Frankfurt am Main,
will bei ihr der Nächste sein.

Schwärmt von ihren großen Brüsten,
die wecken bei ihm viel Gelüste.

Will mit ihr einen heißen Chat nun machen,
und da treiben die tollsten Sachen.

Hat auch gleich ein paar scharfe Fotos für sie präsent,
wo seine Männlichkeit mal steht und mal nur hängt.

Als Fotograf er gekonnt das in Szene setzt,
sie dagegen fühlt sich von den Bildern in ihrer Moral verletzt.

Dann doch lieber schauen, was ein gewisser Body schreibt,
was den auf ihre Seite denn so treibt.

Body fackelt nicht lang rum,
weiß, was er will und ist nicht dumm.

Fragt sie gleich nach der Adresse im msn,
weil da gibt es schließlich eine Cam.

Will sie nackt vor der Kamera haben,
meint nur: „Baby, stell jetzt keine Fragen.

Will deinen geilen Körper sehen,
damit bei mir ist was am stehen."

Sie voller Entsetzten sein Profil am melden ist,
fragt sich, existiert hier denn nur Mist.

Fängt langsam zu zweifeln an,
ob sie hier findet ihren Traummann.

Der Nächste bietet sich als Fensterputzer an,
na, eigentlich ist ja nichts einzuwenden gegen einen Hausmann.

Doch dass er das nackt machen will,
das lässt sie werden ganz still.

Dazu soll sie noch die Peitsche schwingen,
er wird ihr dann ein Liedchen singen.

Das kann doch längst nicht alles gewesen sein,
sie denkt sich, langsam könnte ich nur noch schreien.

Ein Claudio aus Bella Italia
sich als tüchtiger Unternehmer vorstellt,
sodass sich ihre verzweifelte Miene langsam wieder erhellt.

Erzählt ihr von seinen Besitztümern, die er hat,
sie ist angesichts seines Reichtums mächtig platt.

Sieht sich schon in einer großen Villa am Meere sitzen,
denkt sich noch, lass den bloß nicht abblitzen.

Das ist endlich ein guter Fang,
sicher der, den du gesucht hast, einfach halt der richtige Mann.

Über mehrere Tage man sich nett unterhält,
doch dann fällt ihm ein,
er bräuchte für eine Investition etwas Geld.

Bittet sie um 25.000 Lappen,
meint, dann wird es mit uns beiden sicher klappen.

Sie löscht frustriert auch dieses Profil,
fragt sich langsam, will ich vielleicht zu viel?

Will doch eigentlich nur Liebe und Geborgenheit,
etwas Wärme und auch Zärtlichkeit.

Bin ich mit meinen Wünschen hier verkehrt,
setz ich mit dem Internet doch aufs falsche Pferd?

Mittlerweile wenn eine Nachricht kommt,
sie sich schon nicht mehr freut,
hat den Schritt in das Kontaktforum längst bereut.

Will von dort auch endgültig rausgehen,
da bleibt ihr Blick an einer Nachricht stehen.

Ein Markus schreibt ihr da sehr höflich und sehr nett,
ist in der Lage, etwas zu schreiben,
ohne zu erwähnen das Wort „Bett".

Er sieht auch gar nicht ganz so übel aus,
so haut sie doch noch mal auf die Tasten drauf.

Die Nachrichten fliegen locker hin und her,
sich gut mit ihm zu unterhalten, fällt gar nicht schwer.

Dennoch sie erst mal sehr skeptisch bleibt,
hat sie sich ja mittlerweile genug Mist einverleibt.

Man ist die nächsten Tage wirklich nett am plaudern,
doch als er sie nach ihrer Telefonnummer fragt,
ist sie am zaudern.

Sie überlegt, vielleicht ist er doch wie alle andern
und will nun mit ihr durch das Land der Erotik wandern.

Sie weiß nicht recht, was soll sie tun,
doch er lässt die Angelegenheit einfach erst mal ruhen.

Das gibt ihr ein Stück Vertrauen,
vielleicht kann sie ja doch auf ihn bauen.

Sie fühlt sich ja eigentlich gestört, wenn sie mit ihm schreibt
und es weiterhin so viel Verrückte auf ihr Profil dann treibt.

Sie kann kaum einen Abend ungestört mit ihm chatten,
wann das nächste Sexangebot von jemandem kommt,
sie sind beide schon fast am wetten.

Längst haben sie ausgetauscht ihre normalen Mailadressen,
er sorgt mit kleinen Botschaften dafür,
dass sie ihn kann nicht vergessen.

Irgendwann gibt er ihr die Nummer von seinem Telefon,
sagt, er würde sich sehr freuen,
wenn er hört von ihr einen Ton.

Verhält sich weiterhin seriös und sehr korrekt,
sie genießt dies sehr, nach all dem anderen Schreck.

Irgendwann siegt doch die Neugier,
sie wählt seine Nummer und sagt: „Ich bin hier."

Sie mit großer Aufregung in der Leitung hängt,
überlegt,
ob das Schicksal ihr doch hat den richtigen Mann geschenkt.

Auch am Telefon unterhalten sie sich gut,
das gibt ihr nach all den Pleiten wieder neuen Mut.

Sie spürt,
dass sie zumindest einen echten Freund hat gefunden,
die anderen schlimmen Erinnerungen sind fast verschwunden.

Sie nun gemeinsam mit ihm darüber lachen kann,
zusammen verschaukeln sie nun so manchen
ihr Profil besuchenden Mann.

Ob aus den beiden mal ein Pärchen wird, weiß man nicht,
dennoch ist er an ihrem Himmel wie ein helles Licht.

Sie findet, letztendlich war die Kontaktbörse im Internet
doch eine gute Idee,
wenn auch sehr viel Unkraut war
zwischen dem bisschen gutem Klee.

Warten beim Arzt

Du hast um 13 Uhr einen Arzttermin,
schaust, dass du gehst pünktlich hin.

Du denkst, sei lieber ein paar Minuten früher dort,
fährst überpünktlich von zu Hause fort.

Bereits an der Eingangstüre trifft dich fast der Schlag,
Menschen, wohin man nur schauen mag.

Warum sind die denn alle hier,
gibt's hier etwa freies Bier?

Du reihst dich also geduldig in die Schlange ein
und immer noch strömen Menschen rein.

Nach 15 Minuten bist du endlich an der Rezeption,
„was wollen sie?", fragt die Helferin mit barschem Ton.

„Ich hab um 13 Uhr einen Termin",
sie meint trocken: „Das kriegen wir nicht hin."

Jetzt beginnt also die Warterei,
was du davon hälst, ist ihr einerlei.

„Nehmen Sie doch noch Platz im Wartezimmer",
du denkst, na schlimmer wird es nimmer.

Den letzten freien Stuhl suchst du dir,
denkst, hoffentlich hab ich das Warten bald hinter mir.

Eigentlich bist du nicht mal richtig krank,
hast nur keinen gültigen Impfpass mehr im Schrank.

Links von dir heftiges Husten,
rechts von dir jemand ist in sein Taschentuch am pusten.

Eine Mutter zu der anderen meint:
„Ich glaub, mein Sohn hat Windpocken wie mir scheint."

Ein anderer heiser am röcheln ist:
„Ich glaub, ich hab eine Mandelentzündung, so ein Mist."

Eine Frau zur anderen sagt:
„Ich grad die Schweinegrippe mir eingefangen hab."

Du rutscht unruhig auf deinem Stuhl hin und her,
die Warterei fällt wirklich schwer.

Fühlst dich allmählich von Viren attackiert,
bist ja auch schön mittendrin trappiert.

Ein Mann klagt: „Ich hab Grippe und so hohes Fieber."
Eine Frau meint:
„Ach, da ist mir mein Hautausschlag doch lieber."

Du spürst, wie es auch schon in deiner Nase juckt
und wie dein linkes Auge zuckt.

Mittlerweile ist schon eine Dreiviertelstunde vergangen,
du fühlst dich von Viren und Bazillen gefangen.

Das Geröchel, Gehuste und Geniese nimmt kein Ende,
beim Schauen auf die Uhr spricht dein Blick schon Bände.

Du hast das Gefühl, da geht doch gar nichts weiter,
wirst langsam wütend, denkst dir, das wird ja heiter.

Mittlerweile es im Wartezimmer wie im Caféhaus zugeht,
nur dass sich bei den Gesprächen alles um Krankheiten dreht.

Du hörst von Krankheiten, die du nie hast gekannt,
und noch immer wird dein Name nicht genannt.

Nach eineinhalb Stunden wagst du es, mal nachzufragen,
doch es heißt:
„Sie müssen das Warten schon noch ein bisschen ertragen."

Also wieder in die Bazillenhölle zurück,
diese leert sich nur mühsam Stück für Stück.

Mittlerweile dein linkes Nasenloch tropft,
das rechte fühlt sich an ganz verstopft.

In der Kehle macht sich ein Hüsteln breit
und noch immer ist es nicht so weit.

Außerdem beginnt es am Körper überall zu jucken,
das kommt,
weil der Junge mit den Windpocken ist so komisch am gucken.

Außerdem ist nun deine Blase randvoll,
du überlegst,
wenn ich jetzt aufs Klo gehe, rufen sie mich sicher auf, ja, toll!

Also verkneifst du dir diesen Gang
und hoffst, du kommst nun endlich dran.

Die Schmerzen im Hals werden immer mehr,
auch das Atmen fällt dir langsam schwer.

Fühlst dich mittlerweile richtig krank,
denkst gar nicht mehr an den abgelaufenen Impfpass
in deinem Schrank.

Als nach drei Stunden endlich dein Name wird genannt,
hast du den eigentlichen Besuchsgrund längst verkannt.

Schleppst dich mit letzter Kraft ins Behandlungszimmer,
klagst: „Herr Doktor, ich kann bald nimmer.

Das Herz, das rast, der Kopf tut weh,
außerdem kribbelt es mir im großen Zeh.

Die Nase komplett verstopft
und hier es aus dem Auge tropft.

Die Mandeln total geschwollen,
meine Augen ganz verquollen.

Am ganzen Körper juckt es mich,
ich glaub, ich hab erlitten einen Bienenstich.

Außerdem macht sich eine Mittelohrentzündung breit
und auch die Blasenentzündung ist nicht mehr weit.

Eine einzige Plage mein ganzer Rücken,
kann mich schon gar nicht mehr richtig bücken.

Das Knie das tut mir richtig weh,
kein Wunder, bin erst ausgerutscht im Schnee.

In den Fingern verspür ich Gicht,
zum Sex keine Lust mehr, sehe es nur noch als lästige Pflicht.

Wenn ich etwas esse, hab ich Magenschmerzen,
die drücken dann hoch bis zum Herzen.

Im Nierenbecken geht es rund,
und auch mein Popo ist etwas wund.

Außerdem ich immer müde bin,
sehe manchmal im Leben gar keinen Sinn."

Der Doktor hört dir gelangweilt zu,
lässt sich nicht bringen aus seiner Ruh.

Schaut dich bedächtig an,
meint: „Ich Ihnen auch nicht helfen kann.

Da müssen Sie zu Spezialisten,
nur so können Sie alle Krankheiten überlisten.

Werde Ihnen Überweisungsscheine rausschreiben,
die Fachärzte werden Ihre Krankheiten dann vertreiben.

Es wird halt überall etwas Wartezeiten geben,
doch dafür führen Sie hinterher ein gesundes Leben.

Ach und ich sehe grad,
Ihr Impfpass ist auch nicht mehr aktuell,
das sollten Sie ändern, am besten schnell.

Lassen Sie sich an der Rezeption einen Termin dann geben,
wenn Sie erst mal geimpft sind, sind Sie wie am schweben.

Für heute war's das dann,
nun schicken Sie mir rein den nächsten Mann."

Der Arzt dir freundlich die Hand noch drückt
und dich mit deinen Überweisungsscheinen bestückt.

Schiebt dich sanft zur Türe raus
und du gehst als kranker Mensch aus der Praxis hinaus.

Nun, du hast einen interessanten Tag verbracht,
mit so viel Menschen im Wartezimmer gelacht.

So viel nette Leute,
da war die Warterei doch gar nicht schlimm,
na komm, da gehst du nächste Woche gleich wieder hin.

Willst dich ja schließlich endlich impfen lassen,
man darf diesen wichtigen Schutz
auf gar keinen Fall verpassen.

Nur gut, dass du heute eh beim Arzt gewesen bist,
nicht dass du das Thema Impfen noch vergisst!

Schokolade

Schokolade, süß und verlockend liegst du vor mir,
es ist, als flüsterst du, ich gehöre jetzt alleine dir.

Schokolade, wenigstens bei dir kann ich die Rippen zählen,
ach, was musst du mich mit deiner Anwesenheit so quälen?

Schokolade, so braun wie du möchte ich auch gern sein,
ach komm, ich schieb mir das erste Stückchen
in den Mund jetzt rein.

Schokolade, ganz langsam schmilzt du nun in meinem Mund,
gibst damit deine Liebe zu mir kund.

Ich spür förmlich, wie dein Zucker mir ins Blute schießt,
irgendwann er dann in Form von Speckrollen
an meinen Hüften sprießt.

Schokolade, ach, was interessieren mich heute deine Kalorien,
muss mir halt irgendwann einfach eine größere Hose anziehen.

Schokolade, auf dein Trösten kann ich mich verlassen,
oh nein, nie im Leben könnte ich dich hassen.

Schokolade, so süß und unschuldig bist nur du,
ich muss dich einfach verzehren im Nu!

Muss dir dafür nun all deine Rippen brechen,
aber ich werd dich genießen, das werd ich versprechen!

Schokolade, immer kleiner wirst du nun,
hat das etwa etwas mit meinem Appetit zu tun?

Schokolade, du bist selber schuld,
was musst du mich auch verführen,
so will ich einfach jedes Stück von dir
in meinem Munde spüren.

Und plötzlich ist es geschehen,
ich kann nur noch das leere Papier vor mir sehen.

Schokolade, du hast dein Leben ausgehaucht,
bist nun tief in meinen Bauch getaucht.

Schokolade, oh je, ich fürchte, du wirst dich bitter rächen,
und ein ernstes Wort mit meinen Hosen sprechen.

Wirst ihnen befehlen, dass sie mich zwicken und drücken,
sie werden meine Figur gar nicht mehr schön schmücken.

Schokolade, ja, so ist der Lauf des Lebens,
aber dir zu widerstehen, das ist leider vergebens.